Gib dem Kleinmachgefühl keine Chance

We Du mit Besserwissern, Mobbern, Egozentrikern, Ekelpaketen, Energie Vampiren und anderen Alltagsneurotikern umgehst!

Impulse und Emotionen

Inhalt

Warum solltest Du dieses Buch lesen.................................1

Kleinmachgefühle in der Partnerschaft.................................5

Kleinmachgefühle im Beruf.................27

Warum manche Frauen dominante Männer mögen – was steckt dahinter.............................35

Geisterbahn im Büro – wie Du dich gegen Machtmenschen und Alltagsneurotiker schützt.....................38

Wie Du mit on/off Liebes-Phobikern umgehst...................44

Wie Du einen Macho in Schach hältst.......................................52

Narzisstische Alphamännchen
und die mörderische
Suche nach Liebe 56

Energie Vampire im Alltag
und wie Du sie für immer
loswirst...68

Dr.Oberschlau und
Mr. Besserwisser und wie Du sie zum
schweigen brings...........................74

Wie Du mit Mobbern und
Bullys umgehst 77

Ekelpakete und Miesmacher
– so baust Du eine starke
Schutzmauer..................................81

Wie wortlose Demütigungen und
Alltagssadismus funktionieren
und wie Du sie abwehrst.................86

Menschen, die Du nicht
verstehen must 91

Drama Dates – Männer,
die Du dir ersparen solltest 94

So stärkst Du dein
Selbstbewusstsein gegen toxische
Menschen...101

So, machst Du dich
unabhängig von schlechten
Einflüssen..109

So, wird es dir egal, was
andere von dir denken...........................114

Die besten Strategien für
eine effektive Kommunikation mit
dominanten Menschen.........................118

Die erfolgreichsten Strategien
gegen Kleinmachgefühle und
die enge , böse Welt der
Runtermacher 122

Impressum 150

Warum solltest Du dieses Buch lesen

"Es gibt nur eine Zeit, in der es wesentlich ist aufzuwachen und diese Zeit ist jetzt!" (Buddha)

Es ist kein Zufall, dass du dieses Buch in Händen hältst, denn Zufälle gibt es nicht im Leben. Wenn wir von Zufall sprechen, beschreiben wir nur einen Zustand, aus dem wir die Zusammenhänge der Vergangenheit nicht mehr überblicken.

Sprechen wir über deine Gefühle, die in dir hochkommen, wenn du montags zur Arbeit fährst oder das Wochenende, mit deinen Partner vor der Tür steht. Bist du schon auf dem Weg zur Arbeit genervt, weil du seit Jahren unter einem schlechten Betriebsklima und schlimmen Kollegen leidest? Kannst du dich freitags, nach Feierabend ,nicht auf dein zuhause und dein Privatleben freuen, weil du schon viel zu lange mit einem lieblosen, egoistischen Mann zusammen bist? Möchtest du am liebsten vor allem weglaufen, aber weißt nicht, wie du eine Veränderung hinbekommen sollst?

In diesem Ratgeber erfährst du, wie du selbstbewusst und ohne Angst deinen Alltag bewältigst und, mit den besten Strategien gegen herrschsüchtige Unterdrücker, Horror-Kollegen und selbstsüchtige Paschas ,vorgehst.

Anhand von Beispielen und Übungen lernst du, hinter die Maske der Alltagsneurotiker zu schauen und mit diesem professionellen "Background Check", den Grund für ihre gestörten Verhaltensweisen zu identifizieren und effizient zu reagieren!

Mit diesem allumfassenden Leitfaden, findest du nicht nur Antworten, sondern auch die praktischen Lösungen, dein Leben dauerhaft zu verändern. Schritt für Schritt, lernst du eine bis dahin nicht gekannte Freiheit, Stärke und Unabhängigkeit kennen!

Das Team von Impulse und Emotionen zeigt dir nützliche Tipps und Tricks, wie du mit innerer Ruhe und selbstsicherer Souveränität:

> In deinem Büro mit Besserwissern, Intriganten, Mobbern und cholerischen Chefs umgehst.

> Wie du dich vor negativen Einflüssen schützt und ein schlagfertiges Schutzschild gegen Miesmacher, Profilneurotiker und Machos bekommst.

> Wie du dich erfolgreich gegen arrogante Egoisten und narzisstische Energie Vampire wehrst und die Gemeinheiten von Machtmenschen durchschaust.

Stell dir vor, dass du dich nie mehr sprachlos und eingeschüchtert fühlst.

Stell dir vor, dass du jedem Angreifer eine Lektion erteilen kannst. Stell dir vor, dass du Privat und im Beruf ein selbstbestimmtes, glückliches Leben führst.

Ja!? Dann bist du hier richtig!

Kleinmachgefühle in der Partnerschaft

Kleinmachgefühle kennt jeder von uns. Als Kind, wenn uns der Lehrer vor der Klasse ermahnt hat oder das Kleinmachgefühl, unter dem strafenden Blick unserer Eltern, wenn wir mit einer 5 in der Mathearbeit nach Hause gekommen sind.

Ich möchte diese Kleinmachgefühle hier einfach mal als natürliche Kleinmachgefühle bezeichnen. Im folgenden Kapitel geht es um die "chronischen" Kleinmachgefühle, in der Beziehung zwischen Mann und Frau, die alles andere als normal und natürlich sind.

Wir alle wünschen uns in unserer Partnerschaft einen Mann, der uns liebevoll behandelt und uns respektiert.

In jeder gesunden Beziehung gibt es ab und zu Streit und Unstimmigkeiten. Für

eine gute Partnerschaft ist es wichtig,
dass wir unseren Partner als gleichwertig
ansehen und ihn auch so behandeln. In
der Hitze des Gefechts kann es jedoch
vorkommen, dass Worte fallen, die uns
verletzen und ärgern. Woran erkennst du
nun, ob dich dein Partner wirklich liebt
und diese bösen Worte nicht so gemeint
waren?

Generell gibt es kein Messinstrument,
dass uns mit Sicherheit sagen könnte, ob
unser Partner uns liebt, aber es gibt deine
Intuition und deine Bauchgefühlstimme,
die dir eine sichere Orientierung geben
können.

Was ist nun der Unterschied zwischen
Intuition und Bauchgefühl?

Der Unterschied besteht darin, dass
unsere Bauchgefühlstimme auf Erlebtes
und Erfahrungen aus der Vergangenheit
zurückgreift. Die Intuition hat ein
anderes Feedbacksystem. Der Funke
unserer Intuition kommt aus dem Herzen
und unserer Seele.

Wenn deine Intuition Impulse aussendet, dass du dich klein gemacht fühlst, Angst hast und unsicher bist, wenn du oft Zweifel hast, ob dein Partner dich wirklich liebt , dann solltest du auf diese Intuition hören und diese Beziehung ernsthaft überdenken.

Jede Liebesgeschichte beginnt mit einem guten Gefühl und Schmetterlingen im Bauch. Wir sind blind vor Liebe und blind für die Fehler des anderen. Wenn eine Beziehung besonders romantisch und intensiv ist, kann es passieren, dass der Grad zwischen Fürsorge und Liebe, Verliebtheit und Schutz, Besitz und Besessenheit, schmal ist. Besonders am Anfang einer Beziehung neigen wir dazu, die Überfürsorge und Eifersucht unseres Partners, zu tolerieren und als besonders starke Liebe zu interpretieren. Der Weg in eine Beziehung, mit einem dominanten und kontrollsüchtigen Menschen, ist zunächst schleichend.

Hier einige Warnhinweise, die du beachten solltest, wobei es in erster Linie wichtig ist, dass du immer auf deine Intuition hörst! Um dich in deiner Persönlichkeit und Selbstreflexion besser kennen zu lernen, beantworte ganz offen folgende Fragen:

> Fühlst du dich von deinem Mann manipuliert und eingeschüchtert?

> Schlägt deine Stimmung um, sobald er den Raum betritt?

> Bist du vorsichtig im Umgang mit ihm und überlegst dir, welche Worte du benutzt?

> Herrscht zwischen euch immer eine "komische Stimmung" und hast du oft ein mulmiges Gefühl in seiner Anwesenheit?

> Reagiert dein Mann besonders empfindlich auf die kleinste Kritik?

> Gibt es sofort Streit, wenn er nicht an erster Stelle steht und du versuchst, deine eigenen Bedürfnisse zu erfüllen?

> Traust du dich nicht, dich gegen ihn durchzusetzen?

> Gehst du immer auf leisen Sohlen, um ihn nicht zu verärgern?

Dann sind das rote Flaggen, die du auf keinen Fall ignorieren solltest. Wenn eine Alarmanlage im Haus anspringt, schaltest du sie ja auch nicht einfach so ab, ohne den Grund zu erforschen. Genau so solltest du mit deinen Intuitionsimpulsen umgehen.

Denn, wenn du ein schlechtes Verhalten durchgehen lässt, setzt du Standards für die Zukunft und gibst ihm sozusagen einen Freifahrtschein, dich behandeln zu können, wie er will.

Hast du in der Vergangenheit die Alarmsirenen, aus lauter Liebe, ausgeschaltet und bist du nun schon seit längerem in einer Beziehung, in der dein Partner dich klein macht, kontrolliert und rücksichtslos behandelt, dann solltest du dir folgende Denkanstöße zu Herzen nehmen.

✓ Es ist von größter Wichtigkeit, dass du jetzt den ersten Schritt machst und deinem Mann klar und deutlich sagst, was dir nicht gefällt.

✓ Hat dein Mann in der Vergangenheit in deinem Handy herum geschnüffelt?

✓ Nörgelt er ständig an dir herum?

✓ Bist du in seinen Augen zu klein, zu dünn, zu dick, zu ungeschickt?

✓   Bestimmt er, welche Kleidung du zu einer Party tragen sollst?

✓   Versucht er, dich von deinen Freunden fern zu halten und kritisiert er sie bei jeder Gelegenheit?

✓   Fragt er dich ständig , was du wann und warum tust?

✓   Erwartet er von dir, dass du immer für ihn auf " Stand-by- Modus" bist?

✓   Bist Du grundsätzlich an allem schuld, wenn einmal etwas schief geht?

✓   Hast Du das Gefühl in einem emotionalen Gefängnis zu sein? Dann ist es " 5 vor 12".

Hast du bereits seit längerer Zeit die Wutausbrüche deines Mannes hingenommen und sogar ertragen, dass er dich betrügt, dann bist du auf dem besten Weg, deine Identität zu verlieren

und zur bloßen Marionette seiner
Bedürfnisse zu werden. Spätestens an
diesem Punkt , muss dein natürlicher
Selbsterhaltungstrieb einsetzen und du
dir darüber klar sein, dass du es hier mit
einem kranken Menschen zu tun hast,
der dich nicht liebt, sondern dich, wie ein
Bodybuilder das Sportgerät zum Aufbau
seiner Muskeln benutzt, als menschliche
Zufuhrquelle missbraucht, um sein " o
Nummer" Selbstwertgefühl aufzublasen.

Hast du dich über viele Jahre bereits an
dieses Kleinmachgefühl gewöhnt und bist
du ,durch die permanenten
Schuldzuweisungen so verängstigt ,
mürbe und eingeschüchtert, ist es sehr
schwer, alleine aus diesem Kleistertopf
herauszukommen.

Merke: als ersten Schritt gestehe dir offen
und ehrlich ein, dass du unglücklich bist
und so nicht mehr weiterleben möchtest.

Du brauchst jetzt die Hilfe deiner
Familie, von Freunden oder sogar eines
professionellen Therapeuten, um diesen

"Suizid auf Raten" oder treffender formuliert, diesen "Mord auf Raten", endgültig zu beenden. Lass dich auf keinen Fall in eine Diskussion mit deinem Mann ein, denn herrschsüchtige Menschen sind Meister in der emotionalen Manipulation. Wenn er spürt, dass er dich als sein "Sportgerät" verliert, wird er dir das Blaue vom Himmel versprechen, nur, damit er dich weiter benutzen, bzw. emotional vergewaltigen kann.

Welcher Mensch kann dir in so einer Krisensituation am besten beistehen und raten? Es ist der Mensch, der selbst eine ähnliche Erfahrung gemacht hat und zu dir sagt:

" Ich weiß wie du dich fühlst. Ich kann dich verstehen, denn ich war selbst an diesem Punkt, aber ich habe es geschafft. Deshalb wirst auch Du es schaffen!"

Ich war drei Jahre mit einem selbstsüchtigen Machtmenschen verheiratet. Ich habe aus Liebe und

Mitgefühl, für seine kaputte Kindheit, seinen Kontrollzwang, seine Attacken und Ausraster ertragen. Immer, wenn ich kurz davor war, mich von ihm zu trennen, hat er eine Kehrtwendung eingelegt und mich mit zuckersüßen Versprechungen um den Finger gewickelt.

 Erst als ich angefangen habe, mich intensiv mit seinem Krankheitsbild zu beschäftigen und sein Verhalten zu analysieren, ist mir vieles klar geworden und plötzlich war es ganz leicht, mich endgültig zu trennen. Nicht zuletzt habe ich erkannt, dass eine gesunde Beziehung mit diesem Mann absolut unmöglich ist und immer sein wird. Menschen mit dieser schweren Persönlichkeitsstörung werden niemals fähig sein, weder einen anderen Menschen zu lieben, noch sich selbst zu lieben. Rückblickend kann ich sagen, dass ich meinen Ex-Mann nicht mehr hasse. Ich habe gelernt seine Taten zu hassen, aber nicht den Menschen selbst, denn diese Menschen sind psychisch so sehr neben der Spur, dass sie ihr toxisches Verhalten nicht unter Kontrolle haben und deshalb nur eingeschränkt verantwortlich sind.

Natürlich habe ich mich gefragt, was eventuell mit mir nicht stimmt, dass ich jahrelang diese Achterbahn der Gefühle mitgemacht habe. Ich bin zu dem Schluss gekommen, dass auch meine mangelnde Selbstliebe dazu beigetragen hat.

Ein chinesisches Sprichwort sagt: in jedem Unglück liegt der Keim des Glücks!

Also, was hast Du zu verlieren? Mach dir bewusst, dass Dein Leben nur besser werden kann! Mach dir bewusst, dass du es verdient hast und ein Recht darauf hast, mit einem Mann zusammen zu sein, der dich aufrichtig liebt und fürsorglich behandelt. Du bist es dir wert!

Hast du nun den Entschluss gefasst , dich von deinem Partner zu trennen, weil du die Notwendigkeit erkannt hast, dich und dein Leben zu retten , beachte bitte

Folgendes, weil es von absoluter
Wichtigkeit und Bedeutung ist. Ich hoffe
und wünsche mir, dass du das ganz genau
verstehst und mir vertraust, wenn ich dir
rate:

1.   Denke nicht mehr länger darüber
nach, wenn du einmal den Entschluss
gefasst hast, dich zu trennen ,sondern
zieh es einfach durch.

2.   Kündige deine Trennung nicht an.

3.   Lass dich auf keine Diskussionen
mit ihm ein.

4.   Verabschiede dich von dem
Gedanken, Erklärungen abzugeben und
mit ihm zu verhandeln.

5.   Pack deine Sachen und gehe, wenn
er nicht zu Hause ist. Ein Mensch, der
dich über lange Zeit so schlecht behandelt
hat, hat kein Trennungsgespräch
verdient. Außerdem wäre dies völlig

sinnlos und würde dich nur unnötig gefährden, dich wieder in seinen toxischen Kreislauf ziehen zu lassen.

6.   Breche jeden Kontakt zu ihm konsequent ab.

7.   Wechsel deine Telefonnummer und distanziere dich auch von eurem gemeinsamen Freundeskreis.

8.   Sprich mit deiner Familie und deinen Freunden, damit sie keine Informationen an ihn, wie z.B. deine neue Telefonnummer und Adresse, weitergeben.

9.   Denke daran: er wird mit absoluter Sicherheit wieder versuchen ,Kontakt mit dir aufzunehmen, aber nicht weil er dich liebt, sondern um auszutesten, ob du als "Punching Ball" eventuell noch verfügbar bist.

Manchmal muss man im Leben erst auf den tiefsten Punkt gesunken sein, um die Power zu finden, noch einmal neu durchzustarten.

Jetzt kann deine Heilung beginnen! Wisse, dass du über lange Zeit emotional traumatisiert wurdest. Du musst erst wieder lernen, Herr im eigenen Haus zu sein. Dein Kleinmachgefühl wird nicht von heute auf morgen verschwinden. Deshalb suche dir Menschen, denen du vertraust und mit denen du über deine Verletzungen reden kannst. Es ist wichtig, dass du dir Unterstützung suchst.

Nimm dir jetzt Zeit, zur Ruhe zu kommen und tue nur noch das, was dir Spaß macht und dir gut tut. Fülle deine Energiereserven wieder mit Lebensfreude auf. Wenn du einen Job hast, dann musst du dir eventuell Urlaub nehmen.

Wichtig : Jetzt dreht sich alles nur noch um dich!

Verabschiede dich von schlechten Gewohnheiten, die du dir im Laufe dieser kranken Beziehung angeeignet hast. Fange an, wieder positiv zu denken und umgib dich mit neuen Menschen, die dich inspirieren und animieren können. Lege einen neuen Lebensplan für Dich fest, wer du sein willst und wie deine Zukunft aussehen soll.

Ich habe durch diese Lebenserfahrung gelernt, neu auf mein Selbstwertgefühl zu achten. Ich habe ein starkes Selbstvertrauen bekommen, weil ich den Kraftakt gemeistert habe, diese kranke Beziehung zu überstehen. Ich bin wieder frei und höre, an erster Stelle und mit Selbstliebe, auf meine eigenen Bedürfnisse. Das hat meinem neuen Leben eine wunderbare Leichtigkeit gegeben.

Kannst du dich noch an dieses Gefühl erinnern? Als wir in unserer Kindheit nur im Hier und Jetzt existierten und die Zeit vergessen haben im Spiel? Dass wir glücklich und frei waren und von heute auf morgen gelebt haben! Kannst du diese Geborgenheit und Nestwärme noch nachfühlen und vielleicht in dein jetziges Leben transportieren?

Probiere diese heilsame Wegleitung für dich aus:

❖	Erstelle dir deinen eigenen neuen Lebenslauf. Schreibe alle Ziele auf, die du erreichen möchtest.

❖	Sei stolz auf dich und mache dir eine Liste von deinen besonderen Eigenschaften, Stärken und Vorzügen.

❖	Schreibe detailliert auf, wo du in einem Jahr stehen möchtest.

❖	Ordne Deine Gefühle neu und wähle ab sofort dein eigenes emotionales Verhaltensmuster für dein Leben.

❖	Lebe deine Gefühle und bring sie nach außen in die Welt. Genauso wie als Kind! Schäme dich nicht, sondern lebe drauflos.

❖	Sei dankbar und genieße die Momente des Alleinseins. Lebe und blühe wieder!

❖	Entdecke wieder die Schönheit des Lebens und such dir ein schönes Hobby! Das muss nichts Großartiges sein, sondern kann z.B. ein wöchentliches, regelmäßiges Treffen in einem Café, mit einem lieben Menschen sein, mit dem du reden kannst.

❖	Mahatma Gandhi sagte einst, dass der beste Weg, um zu sich selber zu finden, der ist, sich in den Dienst für andere zu stellen. Wenn du z.B. Tiere gerne magst, geh in das Tierheim deiner Stadt und dort mit den Hunden spazieren. Wenn du aus vollem Herzen

etwas liebst, wird die Hilfe zum Geschenk
an dich selbst.

❖	Wenn du das ehrliche Bedürfnis
hast, die Vergangenheit aufzuarbeiten,
suche dir Gleichgesinnte in einer
Frauengruppe und besuche die Meetings
regelmäßig.

❖	Feiere Dich und verurteile dich
nicht selbst! Vielleicht hast du manchmal
noch Schamgefühle, weil du dich so lange
nicht gewehrt hast oder Rachegefühle,
deinem Ex die Demütigungen
heimzuzahlen. Oscar Wild sagte einmal: "
Wer Fehler gemacht hat, hat meistens
nur Erfahrung gesammelt."

❖	Aus Fehlern lernen wir mehr, als
aus Erfolgen!

❖	Ich möchte dir sagen, wie ich mit
meinen Scham und Schuldgefühlen
umgegangen bin: Bitte beachte als erstes:
Scham und Schuldgefühle entstehen, weil

du denkst, dass du etwas nicht richtig
gemacht hast und dich für etwas schämen
musst, aber hier gilt es nicht, dein
Verhalten zu bewerten, sondern das
deines Peinigers.

Wichtig: trenne zwischen deinen
Gefühlen und dem Verhalten der
Person, die dich runter gemacht
hat. Nicht du bist der Versager,
sondern dein psychotischer Mann.
Du bist nach wie vor ein wertvoller
Mensch, der nichts falsch gemacht
hat, außer vielleicht, dich nicht
gewehrt zu haben.

Überlege dir ,wie du deine
Schwester trösten würdest, der das
Gleiche passiert ist wie dir. Was
würdest du ihr raten, wenn sie in
einer ähnlichen Situation steckt
und sich daraus befreien möchte?

Welche praktische Hilfe könntest
du ihr anbieten? Was könntest du

mit ihr als erstes, sozusagen als
Notfallmaßnahme, sofort in die
Tat umsetzen?

Diese Ideen kannst du für dich
selbst umsetzen.

Scham und Schuldgefühle sind ein
Zeichen von Selbstzweifeln. Nicht
du verdienst Kritik, sondern der
Mensch, der dir ein
Kleinmachgefühl angetan hat. Du
trägst keine Schuld dafür, dass ein
Mensch dich gequält hat, aber du
bist verantwortlich dafür, dir keine
Selbstvorwürfe zu machen. Du
trägst Verantwortung für dich und
dein Leben. Dieses Bewusstsein ist
der goldene Schlüssel für eine
glückliche Zukunft.

Mach in Gedanken eine kleine
Zeitreise und überlege dir, welche
Bedeutung diese Lebenserfahrung
für dich hat. Wie wirst du wohl in

fünf Jahren darüber denken?
Wirst du dich fragen, wie du es so
weit hattest kommen lassen
können? Wirst du vielleicht sogar
rückblickend dankbar für diese
Erfahrung sein, weil sie das
Sprungbrett in ein neues schönes
Leben, in Selbstliebe und Freiheit
war? Hast du aus dieser schweren
Zeit gelernt, dich in Selbstfürsorge
zu üben und ist dir daraus ein
herrliches Selbstbewusstsein und
unerschütterliches Selbstvertrauen
erwachsen?

❖   Verstecke die Narben deiner
Vergangenheit nicht, sondern betrachte
sie als Motivation und feiere deine
Einzigartigkeit und Stärke jeden Tag!
Mach die Augen auf, lächle und freu dich
über jeden neuen Tag in Freiheit!

❖   Lass dein Herz wieder unbefangen und frei sprechen! Du hast lange genug Rücksicht auf die "Macken" anderer genommen. Jetzt bist du dran! Jetzt stehst du im Mittelpunkt der Welt!

Sollte dich manchmal der Hauch eines schlechten Gewissens einholen, weil du ein gesunder und guter Mensch ,mit Empathie bist und du dich rückblickend fragst:

Was hätte ich an meinem Verhalten ändern können?

Was hätte ich besser machen können, um ein positives Ergebnis zu bekommen?

Was hätte ich tun können, um ihm zu helfen?

Die Antwort lautet: Nichts! Gar nix!

Sei versichert, das es nicht in deiner Macht steht, toxische Menschen zu ändern!

Kleinmachgefühle im Beruf

Konstruktive Kritik, Korrekturen und manchmal auch Tadel gehören zu einem normalen Berufsalltag. Aber was ist, wenn es ganz offensichtlich ist, dass der Chef einfach nur Spaß daran hat, andere runter zu machen und zu verhöhnen?

Menschen, die andere permanent abwertend und runtermachen, leiden in der Regel unter starken Minderwertigkeitsgefühlen. Durch ihr inkompetentes Verhalten, Mitarbeiter schlecht zu reden und bloßzustellen, fühlen sie sich besser. Oft entsteht dieses Gefühl , andere Menschen zu erniedrigen und zu kränken, durch Selbsthass, nach dem Motto: So, wie es mir ergangen ist, (z.B. durch eine lieblose Kindheit) soll es auch dir ergehen.

Auch Frust, Ärger und Wut im Privatleben, werden von diesen Miesmacher- Chefs gerne an ihr Umfeld, als Aggressionsverschiebung, weiter gegeben. Das eigene Versagen und Unvermögen dieser Individuen wird als Schuldzuweisung auf die Mitarbeiter projiziert. Das verschafft diesen Menschen Entlastung und Erleichterung. Aber nur für kurze Zeit. So nimmt der Teufelskreis seinen Lauf.

Wie nun mit einer solchen Person umzugehen ist, besonders, wenn die eigene finanzielle Existenz von ihm abhängt, musst du nach deiner eigenen Werteskala abwägen.

Es ist sinnvoll zu verstehen, warum Psychopathen so und nicht anders ticken, aber ich habe die Erfahrung gemacht, dass es fruchtbarer ist, seine Zeit und Energie nicht zu verschwenden und sich von solchen Exemplaren unverzüglich zu verabschieden. Aber, wenn du dich ausprobieren möchtest, gibt es verschiedene Möglichkeiten, mit einer solchen Situation langfristig umzugehen, denn generell musst du dir darüber im klaren sein, dass sich dieser Chef niemals ändern wird.

Du kannst natürlich hoffen und warten, dass sich ein neuer Chef in deiner Firma einfindet oder du schreitest zur Tat .

Eine effektive Methode ist ,die Attacken deines Chefs einfach zu ignorieren. Das ist leider oft leichter gesagt als getan und funktioniert nur, wenn du gute Nerven hast und deine Reizbarkeitsschwelle sehr hoch ist.

Wer konsequent Gleichgültigkeit zeigt, lässt sein Gegenüber gegen die Wand laufen. Gegen die Wand gibt Beulen und es ist gut möglich, dass dein Chef dir die Beulen übel nimmt. Vielleicht ermüdet ihn die Rallye aber auch und macht dich als " Opferlamm" uninteressant.

Wenn du einen sehr cholerischen Chef hast, kann diese Verfahrensweise allerdings genau ins Gegenteil umschlagen, nämlich ihn reizen und noch wütender machen. Deshalb Vorsicht!

Angriff ist die beste Verteidigung kann es heißen, wenn du deinen Chef sachlich und emotionslos mit den Problemen konfrontierst. Diese Stärkedemonstration, kann allerdings zum Bumerang werden, denn nichts hassen Psychopathen so sehr, als auf ihre Schwächen angesprochen zu werden und, dann auch noch von einem " untergebenen " Mitarbeiter. Wenn du bereit bist, das Risiko einer Kündigung in Kauf zu nehmen, kannst du diese Strategie wählen und hoffen deinen Chef damit " inspiriert " zu haben, zurückzurudern.

Für die beste Methode halte ich es, falls dir das möglich ist, dich bewusst von deinem Chef zu distanzieren und ihm so oft wie möglich aus dem Weg zu gehen. So schonst du deine Kräfte für wichtigere Aufgaben in deinem Beruf.

In einem Fall gibt es allerdings nur eine Lösung und die lautet: such dir einen neuen Job denn, wenn du am Montagmorgen schon mit

Magenschmerzen aufwachst und auf dem Weg zur Arbeit Schweißausbrüche bekommst. Wenn dir die Angst und das Kleinmachgefühl schon jede Menge psychosomatische Erkrankungen eingebracht haben, dann heißt es per sofort: Mach dich vom Acker und zwar so schnell du kannst! Deine Gesundheit und ein friedliches Leben müssen dir das wert sein. DU musst dir das wert sein! Was nützt dir ein gut bezahlter Job, wenn du dir , durch einen "Psycho" ,dein Gemüt kaputt machst. Erkundige dich bei einem Fachanwalt für Arbeitsrecht, ob du Schadensersatzansprüche geltend machen kannst.

Sei dir bewusst, dass in den meisten Fällen, wenn dich ein Mensch versucht zu demütigen und ein Kleinmachgefühl einzureden, dieser Mensch selbst unter einem "Napoleon-Syndrom" leidet.

Es ist immer schwierig einzuschätzen, ob es sich für dich im Beruf "lohnt", deine Energie und Geduld, in psychisch kranke

Vorgesetzte zu investieren oder, ob du
das nicht lieber Fachleuten überlässt.☺

Wie kannst du nun schon im Vorfeld, bei
einem Vorstellungsgespräch erkennen,
ob dein vermeintlich zukünftiger Chef ,
nicht "ganz sauber tickt"?

Ich wette mit dir, dass du bald ein ganz
neues Gefühl von Stärke und
Selbstsicherheit bekommst, wenn du die
dunklen, traurigen Geheimnisse der
Alltagspsychopathen und Ekelpakete
kennst!

Hier einige rote Flaggen:

❖   Psychopathen fehlt jegliches
Schamgefühl. Sie überschreiten gerne
moralische Grenzen. Wenn dich dein
zukünftiger Chef über dein Privatleben
ausfragt und mit einem süffisanten
Lächeln fragt, ob deine Kinder auch gut
versorgt sind, wenn hier mal "die Hütte

brennt" und du Überstunden machen musst, dann sei vorsichtig.

❖ Der Chef wirkt auf dich besonders arrogant und gefühlskalt. Hast du das Gefühl, dass er dich von oben herab behandelt und deine Ideen und Vorstellungen als "Papperlapapp" kommentarlos vom Tisch fegt? Wo Eigeninitiative und Selbstreflektion nicht gefragt sind, schwingt in vielen Fällen ein kontrollsüchtiger Chef das Zepter.

❖ Achte auf auffällige und schnelle Stimmungsschwankungen und wechselnde Entscheidungen. Gerade noch nett und nächsten Moment gemein.

❖ Psychopathen haben sich schlecht unter Kontrolle und geraten bei kleinsten Unregelmäßigkeiten bereits aus der Balance. Falls du mutig bist und dich traust, mach beim Vorstellungsgespräch

einen Fehler oder zeige eine kleine
Unsicherheit. Z.B. kannst du deine
Vorstellungsmappe auf den Schreibtisch
legen und dabei aus Versehen einen
Gegenstand umstoßen oder beim
Hereinkommen fällt dir die Tür aus der
Hand und schlägt laut zu. Reagiert dein
Chef ungeduldig und macht eine abfällige
Bemerkung über deine "
Tollpatschigkeit", dann solltest du
vielleicht besser auf dem Absatz kehrt
machen und anderen den Platz in diesem
Gruselkabinett überlassen.

Warum manche Frauen dominante Männer mögen – was steckt dahinter

Die meisten Frauen, mit denen wir gesprochen haben, wünschen sich einen Partner, der warmherzig und treu ist. In der Steinzeit, war aus evolutionärer Sicht ,die Präferenz für einen dominanten Mann, zum Überleben wichtig. Dominantes ,männliches Verhalten, wird bei manchen Frauen deshalb noch immer unbewusst mit "Guten Genen" in Verbindung gebracht.

Welche Persönlichkeitseigenschaften weisen Frauen auf, die heutzutage noch eine Vorliebe für besonders "männliche Männer" haben?

Eine wissenschaftliche Studie hat ergeben, dass es die Frauen sind, die ständig neue Reize und Abwechslung in ihrem Leben suchen. Paradoxerweise gehören auch solche Frauen dazu, die einen ängstlichen Charakter haben.

Unsichere Frauen, die sich schnell fürchten, erhoffen sich von dominanten Männern eine Beschützerrolle. Eine starke Schulter also, an der sie sich anlehnen können.

Das Urbild des "großen starken Mannes" (mit der Keule in der Hand ☺) ist auch heute noch Status für Gesundheit und Fruchtbarkeit.

 Auf lange Sicht ist allerdings eine Beziehung zu einem Mann, der Macht und Kontrolle ausübt, ein großes Risiko und birgt großes Konfliktpotential. Dominanz und Unterordnung geraten aus der Balance und beide Seiten verausgaben und erschöpfen sich immer mehr. Dies kann zu physischer Gewalt führen. Frauen allerdings, die Spaß an Unterordnung haben, können durchaus in einer solchen Partnerschaft "glücklich" werden. Wer psychisch sehr flexibel ist und alle Entscheidungen seinem Partner überlässt, kann durchaus ein recht bequemes Leben führen.☐

Seien wir mal ehrlich! Jeder von uns hat schon einmal insgeheim mit dem Gedanken gespielt, sich auf so einen " coolen Herzensbrecher" , mit farbenfrohem Sportwagen und penetrantem Aftershave, einzulassen. Schuld daran sind unsere Hormone, genauer gesagt der Eisprung, der uns unbewusst wieder ins Neandertal zurückbeamt.

Wenn uns aber der Alltagtag, aus den Schulmädchenträumen, in die Realität zurückgeholt hat, wünschen wir uns dann doch lieber den Alpha-Softie, der uns nicht jede Nacht, in greller Leidenschaft , die Sterne vom Himmel holt, aber dafür in zärtlicher Fürsorge das Frühstück ans Bett! Und wer sagt überhaupt, dass das Eine das Andere ausschließt!?

Geisterbahn im Büro – wie Du dich gegen Machtmenschen und Alltagsneurotiker schützt

"Das Böse beginnt dann, wenn der Mensch sich nicht in andere hinein fühlt, " sagt der Gerichtspsychiater Reinhard Haller.

Menschen, denen das Einfühlungsvermögen in andere fehlt, können diese auch quälen.

Ob es die Arbeitskollegin oder der Abteilungsleiter ist, Machtmenschen tun alles , um ihre eigenen Interessen durchzusetzen. Sie zeichnen sich durch antisoziales Verhalten aus.

 Es gibt sie in jedem Büro: die Profilneurotiker, Streber und Diven! Kollegen oder Vorgesetzte, die andere Menschen ausnutzen und bei jeder Gelegenheit klein machen. Schwätzer, die wenig können ,außer gut Reden.

An jedem Arbeitsplatz gibt es Tratsch und Klatsch, Intrigen, Missgunst, üble Nachrede und Betrug. Menschen, die uns täglich mit ihren negativen Emotionen anstecken und runterziehen.

Lass dir von ihnen nicht den letzten Nerv rauben, geschweige denn, dich klein machen. Wichtig im Umgang mit Profilneurotiker ist, sie ihre One-Man-Show alleine durchziehen zu lassen. Misch dich nicht ein. Lass sie einfach links liegen.

Probier dich aus! So manipulierst du einige Spezies und machst sie handzahm für dich:

✓   Streber besänftigt man am besten mit etwas mütterlicher Herzenswärme und Fürsorge. Denn das ist es in der Regel, was diese Menschen in ihrer Kindheit nicht bekommen haben.

✓ Choleriker, der unkontrolliert seine Wut austobt, bietest du am besten die Stirn , mit einem starken Selbstbewusstsein und völliger Ruhe. Nimm seine Laune nicht persönlich, denn dieser Typ ist ein emotionales Wrack.

✓ Die Diva Kollegin, die sehr schnell beleidigt reagiert und nachtragen ist, dressiert du am besten, indem du ihr Freiraum schenkst und ihren Ego-Tiraden ,mit einem sanften Lächeln zuhörst.

✓ Der hinterhältigen Intrigantin solltest du klare Grenzen setzen und den Kontakt mit ihr vermeiden. Bleib cool und gibt ihr nichts in die Hand, was sie gegen dich verwenden könnte.

✓ Der Parasit Kollege nutzt gerne Menschen aus, indem er sie in die " kannst Du mir einen Gefallen tun" Falle lockt. Lass dir nicht ständig seine Arbeit

in die Schuhe schieben. Biete
Gefälligkeiten nur als Tauschgeschäft mit
Vorkasse an.

✓ Einem Pedanten zeigst du am
besten deine guten Leistungen
demonstrativ, mit einem vieldeutigen
Grinsen.

✓ Der Prinz will nur eins: so schnell
wie möglich nach ganz oben. Er ist stets
geschniegelt und gebügelt, arrogant,
ehrgeizig, neigt zu Selbstüberschätzung
und übernimmt gerne jede Sonderarbeit,
die der Chef ihm gibt. Lass dich nicht von
seinem selbstverliebten Getue
beeindrucken. Halte Abstand und setze
ganz klare Grenzen.

✓ Der Perversling hat nichts anderes
im Sinn als Sex. Eine normale
Unterhaltung ist mit diesem "Verbal

Erotiker" nicht möglich. Er geht gern auf Tuchfühlung und macht jeder Frau übertriebene Komplimente. Sollte er auch dir zu nahe kommen, gibt es nur eins: hard ball play!

✓   Der gut gelaunte Büro Clown ist sehr anhänglich. Er klebt wie Pattex an den Kollegen und mischt sich in alles ein. Er ist nervig, aber harmlos. Sag ihm ganz ruhig, dass er dich ab und zu mal mit seiner guten Laune verschonen soll.

✓   Der Häftling ist in seinem Job gefangen und unglücklich. Er schwafelt ständig von der großen Freiheit und nörgelt an allem herum. Lass ihn einfach in Ruhe. Wenn er dir zu sehr auf die Nerven geht, frag ihn doch einfach, warum er nicht zur See fährt und als Matrose anheuert. Dann hat er die große Freiheit und ihr eure Ruhe.

✓   Für die Klatschtante oder den Klatschonkel ist das Büro ein großer

Inkubator für Tratsch. Sie interessieren sich weniger für die Arbeit, als für das Privatleben der Kollegen. Sie sind immer auf dem neuesten Stand der aktuellen Geschehnisse. Sei freundlich mit ihnen, aber gib ihnen kein Futter aus deinem Privatleben.

Konflikte gibt es überall. Das Wichtigste ist, dass du deine Selbstkontrolle behältst und Kompromissbereitschaft zeigst. Versuche, auch mit schwierigen Kollegen , Gemeinsamkeiten zu finden. Wer weiß, vielleicht entsteht so aus anfänglicher Antipathie, sogar eine Freundschaft.

Wie Du mit on/off Liebes-Phobikern umgehst

Ich glaube, jeder von uns ist diesem Exemplar schon mindestens einmal im Leben begegnet. Dem Mann, der sich nicht "traut".

Wichtig ist zunächst, dass du für dich entscheidest, ob dir der Mann so viel wert ist, dass du deine Zeit und Energie in ihn investieren möchtest, eventuell sogar mit dem Risiko, am Ende mit einem Kleinmachgefühl, sprich einem angeknacksten Selbstwert oder schlimmer noch, mit einem gebrochenen Herzen alleine da zu sitzen.

Nicht jeder Mann ist beziehungsgestört, der keine feste Beziehung möchte. Vielleicht hat er gerade eine Scheidung/ Trennung hinter sich oder investiert seine Energie lieber in seinen neuen, anspruchsvollen Job. In diesem Fall sollte er allerdings fairerweise ,zu Beginn

deines Kontaktes mit ihm, die Katze aus
dem Sack lassen.

 Ob du nun auf den Mann deiner Träume
warten möchtest und dich mit einer
lockeren Freundschaft oder einem
Bratkartoffelverhältnis zufrieden gibst,
liegt wieder in deiner Hand.

Ist das Kind schon in den Brunnen
gefallen und du hast dich Hals über Kopf
verliebt, gibt es einige Strategien, die
erfolgversprechend sein können, aber die
alle mit sehr viel Geduld und Spucke
verbunden sind. Prinzipiell gibt es nur
zwei Gründe, warum ein Mann Angst vor
einer festen Beziehung hat:

❖   Ist der Junge ein notorischer
Herzensbrecher und möchte sich einfach
nicht fest an eine Frau binden, weil er
Angst hat ,die vielen anderen im Leben zu
verpassen?(leidet oft an einem schlechten
Selbstwert und daraus resultierenden
Komplexen)

❖   Er leidet, aufgrund schlechter Erfahrungen in der Kindheit oder Partnerschaften , an Minderwertigkeitsgefühlen, ist unsicher und hat Angst vor neuen Enttäuschen?

❖   Oder beides!

In jedem Fall wird sein Verhalten dem eines glitschigen ‚zappelnden Fisches an der Angel gleichen, den du nicht zu fassen bekommst, sondern der dir immer wieder aus den Händen rutscht. Es gehört eine Menge Geduld, Liebe und Selbstliebe dazu, seine Psychospielchen zu ertragen, die da wären:

✓   Zuckerbrot und Peitsche in Annäherung und Distanz.

✓   Plötzliche, grundlose Funkstille, obwohl du nichts falsch gemacht hast.

✓   Er fährt einfach auf Geschäftsreise, ohne dir etwas zu sagen.

✓   Er beendet immer mal wieder die Beziehung Knall auf Fall.

✓   Er versetzt dich und hält seine Versprechen nicht ein.

✓   Er erscheint nicht zu deiner Geburtstagsparty und feiert Weihnachten lieber bei seinen Eltern.

Vorab sei gesagt, dass es nicht deine Aufgabe ist, den Mann zu therapieren und ihm aus seinem Schlamassel herauszuhelfen. Gute Ratschläge werden da wenig fruchten, sondern können das Gegenteil bewirken, nämlich, dass er sich davon unter Druck gesetzt fühlt und wieder die Flucht ergreift. Solltest du jetzt immer noch den Wunsch haben, bei der Stange zu bleiben, helfen dir hier einige Perspektiven, die dir aufzeigen können, ob es sich weiter lohnt, dich auf diesem Kriegsschauplatz zu tummeln:

✓   Er sagt dir und zeigt dir immer wieder, dass er dich nicht verlieren möchte.

✓   Er meldet sich regelmäßig und erscheint zuverlässig zu euren Dates.

✓   Du spürst, dass er dich liebt, aber "nur" Probleme hat ,über seinen Schatten zu springen.

✓   Er ist bereit, gemeinsam mit dir oder allein, etwas gegen seine Ängste und kranken Abwehrmechanismen zu unternehmen.

Merke: Du bist gut, so wie du bist und solltest dir immer treu bleiben. Lasse dich nicht verunsichern!

Nicht du hast die Macke, sondern er!

Deshalb ist es wichtig, dass du deinen Freiraum behältst und ein, von ihm unabhängiges Leben führst und ihm das auch zeigst. Triff dich weiterhin mit deinen Freundinnen, gehe weiter deinen Hobbys nach, gehe alleine aus, wann immer du Lust hast.

Eine weitere Möglichkeit besteht darin, den Spieß einfach umzudrehen. Das uralte, aber bewährte Spiel lautet: hard to get! Das funktioniert allerdings nur, wenn du deine Gefühle fest im Griff hast und auch das Risiko eingehen willst, ihn ganz zu verlieren.

Dazu ist es notwendig, dass du ihn in dich verliebt machst (falls er das bis jetzt noch nicht ist) und zwar mit einer Taktik, die manipulativ über die Emotions und Belohnungszentren im Gehirn wirkt.

❖   Ist euer Sex z.B. besonders gut, dann versprich ihm eine neue Variante

für das nächste Mal, auf die er sich freuen
kann. In Verbindung mit den Dopamin
Belohnungshormonen, die gerade noch in
seinem Blut schwimmen, wird er dieses
Hochgefühl mit der Vorfreude verbinden
und in Erinnerung behalten. So, hast du
zwei Fliegen mit einer Klappe geschlagen
und zwar die Lockgefühle , als auch die
Belohnungsgefühle aktiviert.

❖   Trage immer das selbe Parfum.
Ein kleiner Spritzer davon auf sein
Bettlaken kann nicht schaden. Vergiss
einen Ohrring in seinem Auto und einen
Lippenstift in seinem Badezimmer.
Behalte die Oberhand bei deinen Dates
mit ihm und geh ,wenn es am schönsten
ist. Schaffe eine gewisse Distanz zwischen
euch beiden und nimm dir konsequent
deinen Freiraum. So wird er dich
vermissen und fühlen wie speziell du bist.

❖   Schon unser große deutsche
Philosoph Arthur Schopenhauer sagte:

Willst du deinen Wert steigern, so mach dich rar.

❖   In deinem Fall heißt es, ihm das Gefühl zu geben, dass eure Beziehung kein sicherer Hafen ist. Geh öfter mal nicht ans Telefon, wenn er anruft! Hinterlasse ihm nur kurz eine Nachricht auf der mail box, dass du mit deiner besten Freundin übers Wochenende einen Trip machst und schalte dann, für das Wochenende dein Handy aus. Das wird seiner Fantasie und seinen Nerven für 2 Tage Beschäftigung geben und löst Verlustängste aus. Bleibe spontan, geheimnisvoll und überraschend.

❖   Gib ihm Grund für ein starkes WIR! Das löst in ihm Verbundenheitsgefühle aus. Plane mit ihm zusammen euren nächsten Urlaub oder einen Besuch bei seinen Eltern. Lade ihn zu einem Abendessen mit deinen besten und ältesten Freunden ein.

Danach gehst du eine Woche auf
Tauchstation.

Damit hast du die wichtigsten
Gefühlszentren in seinem Gehirn
aufgemöbelt. Sollte er dir ,nach dieser
Gehirnwäsche, noch immer nicht
nachlaufen wie ein Trüffelhund, dann
lass ihn von der Leine und such dir einen
richtigen Mann!

Wie Du einen Macho in Schach hältst

Wir lieben ja die Männer, deshalb wollen
wir sie freundlich und schlicht
beschreiben:

Machos sind Mamasöhnchen!

Machos haben in ihrer Kindheit ,ein Wort
nicht gehört und das lautet: NEIN!

Mit Samthandschuhen angefasst und mit Zuckerguss überzogen, haben diese Jungs weder Selbstreflektion, noch Respekt vor Frauen gelernt.

Machos protzen mit ihrer Männlichkeit, lassen oft ihre Muskeln spielen und benutzen Frauen gerne als Sofa für ihre Faulheit. Machos lieben richtige Männerurlaube auf dem Ballermann und kennen 1000 Frauenwitze, inklusive IQ Kernschmelze! Machos haben im Außenverhältnis eine große Klappe und mutieren zu Hause bei Mama zum Pantoffelhelden.

Von Machos bekommst du das Kleinmachgefühl täglich und zuverlässig frei Haus geliefert.

- ➤ Hol mir mal die Zeitung, Baby.

- ➤ Bring mir ne Flasche Bier, aber kalt.

➢ Kleine, mach heute mein Leibgericht, wie bei Muttern: Nüdelchen mit Cocktailwürstchen."

Und auch hier lautet die Frage wieder: willst du dir das wirklich antun? Denn für Machos gilt: was Hänschen nicht lernt, lernt Hans nimmermehr!

Wer sich trotzdem, als Zweithobby sozusagen, einen Macho zulegen will, sollte einige Tricks auf der Pfanne haben:

❖ Sei für jeden Spaß zu haben!

❖ Versuche seine Ersatzmutti zu spielen!

❖ Sei immer gut gelaunt und lass ihm seinen Freiraum!

❖ Mach leckere Schnittchen für seine Kumpels an einem Fußballabend.

❖	Übe dich selbstbewusst im Fallschirmspringen, unter seinem Teppich!

❖	Freue dich auf eine " Menage a trois ", denn einen Macho hast du nie für dich alleine. Die Mama ist immer dabei! Auch Sonntag morgens in seinem Schlafzimmer, mit einem Stapel frisch gebügelte Hemden auf dem Arm.□

Narzisstische Alphamännchen und die mörderische Suche nach Liebe

Wie gehst du mit Narzissten um?

 Gar nicht! Warum?

Alle Psychologen sind sich einig: Menschen mit einer narzisstischen Persönlichkeitsstörung sind untherapierbar.

Es gibt für Narzissten nur einen Weg, wie sie zu einem Psychologen finden und dieser Weg führt über Alter, Krankheit und Einsamkeit. (Und so lange willst du doch nicht warten, oder ☐) Narzissten können erst dann unfreiwillig einsichtig werden, wenn ihnen nichts anderes mehr übrig bleibt.

Wie erkennst du nun einen Narzissten?

Es ist von äußerster Wichtigkeit, dass du einen Mann, mit einer narzisstischen

Persönlichkeitsstörung, schon im Vorfeld identifizieren kannst, denn Narzissten sind exzellente Schauspieler und Lügner. Wenn du dich von einem Narzissten einwickeln lässt, hast du eine 99%ige Chance, dir ein Kleinmachgefühl erster Klasse einzuhandeln, dass du nur noch mit psychologischer Langzeittherapie wieder los wirst.

Narzissten besitzen die Fähigkeit, auch die sanfteste, friedlichste und gutmütigste Seele, in ein Blutbad von Rachegefühlen zu tauchen. Narzissten schaffen es, selbst Menschen mit einem guten Selbstwertgefühl und gesundem Selbstbewusstsein, vorübergehend in ein Häufchen Elend zu verwandeln. Narzissten sind Monster und hochgradig kranke Subjekte. Es gibt nur eine gute Eigenschaft, die Narzissten besitzen und diese Eigenschaft heißt: Feigheit.

Gott sei Dank, denn wären sie in ihrer Gefühlskälte und Skrupellosigkeit auch noch risikobereit und furchtlos, so wäre jeder von ihnen ein Hannibal Lecter.

Wie ich bereits im ersten Kapitel schon ansatzweise beschrieben habe, "durfte" ich fast drei Jahre im Dunstkreis eines solchen Menschen leben oder besser gesagt existieren, und kenne mich, bis in die kleinsten Nuancen, mit dieser psychischen Erkrankung aus.

Was einen Narzissten so besonders gefährlich macht ist, (unter anderem), dass er sich auf ganz subtile Art , deine Vorlieben und Eigenschaften zunutze macht, das heißt, er bedient sich bewusst und gezielt der sogenannten Spiegeltechnik, um dir zu Anfang eurer Beziehung Harmonie , Interesse, Fürsorge und Liebe vorzugaukeln. Du fühlst dich wie die Prinzessin auf der Erbse. In Wahrheit sind das alles nur Köder, um dich in seinen toxischen Kreislauf zu ziehen, denn Narzissten haben weder Interesse und Mitgefühl, noch Sympathie für Mensch und Tier. Deshalb haben Narzissten auch keine moralischen Werte. Die Werte, die ein Narzisst besitzt, kannst du in der

Schwacke-Liste ablesen oder in den Echtheitszertifikaten seiner Uhrensammlung.

 So, wie ein Vampir das Blut eines Menschen braucht, um existieren zu können, so brauchen Narzissten, um leben und sich überhaupt spüren zu können, 24/7 Anerkennung, Bewunderung, Aufmerksamkeit, Fürsorge und Dankbarkeit. Bleibt diese Zufuhr aus und findet sich nicht schnell eine Ersatzquelle/ Ersatzfrau, kann ein Narzisst dekompensieren und in eine tiefe Depression fallen. Narzissten brauchen in Wahrheit keine Frau, sondern ein Kindermädchen. Nein, am besten drei. Alle acht Stunden neues Frischfleisch.

Hier einige Anzeichen, dass du es mit einem verdeckten Narzissten zu tun hast:

❖   Der Mann ist extrem erfolgreich, ehrgeizig, steht gerne im Mittelpunkt. Du

kannst also mächtig stolz auf ihn sein bis
der Tag kommt, an dem er ,mit Pauken
und Trompeten aus der Rolle fällt und du
von Wolke 13.

❖   Er überhäuft dich am Anfang der
Beziehung mit Liebe, Lob und
Aufmerksamkeiten. Du hast das Gefühl,
die Traumfrau für ihn zu sein.

❖   Er gibt dir das Gefühl, dass du
etwas ganz Besonderes bist und erzählt
jedem, der es hören will oder auch nicht,
das du seine große Liebe bist.

❖   Er zeigt dich gern und oft in der
Öffentlichkeit vor.

❖   Er gibt dir das Gefühl, seine
Seelenverwandte zu sein.

❖   Er braucht immer das Besondere,
wie extravagante Kleidung, Schmuck und
Autos.

❖   Er verwöhnt sich selbst großzügig, aber ist (später) mit dir geizig und hält dich kurz.

❖   Er ist völlig kritikunfähig und rastet bei Kleinigkeiten, die ihm nicht gefallen ,total aus.

❖   Er ist besonders neidisch und eifersüchtig auf Menschen, die mehr haben als er oder in ihrem Beruf besser sind als er.

❖   Jeder zwischenmenschliche Austausch ist für ihn ein Deal. Alles ist "quid pro quo"! Von einem Narzissten bekommst du nix geschenkt. Du musst für jede Leistung eine Gegenleistung erbringen. Führt dich der Narzisst, nach einem Sonntagsspaziergang, zum Lunch in ein schönes Restaurant, darfst du dafür am Abend ein Drei-Gang-Menü zaubern. Macht dir ein Narzisst zum Geburtstag ein Geldgeschenk, weil er keine Zeit hatte , lange in Geschäften rum

zu rennen und ein Geschenk für dich zu
suchen, mach dich darauf gefasst, dass er
dich bei eurem nächsten Stadtbummel,
ungeschminkt auffordern wird, ihm ein
paar neue Schuhe zu kaufen. Schließlich
will er ja auch was von dem
Geburtstagsgeschenk haben!

❖   Er ist eifersüchtig auf DEINE
besonderen Talente und Vorzüge. Bist du
in der Firma befördert worden und freust
dich wie Bolle, rechne damit, dass er dir
das Gefühl gibt: naja, ein blindes Huhn
findet auch mal ein Korn! Vielleicht fragt
er auch, wie hoch die Gehaltserhöhung ist
und fügt mit einem süffisanten Lächeln
hinzu: dann kannst du ja den nächsten
Urlaub bezahlen!

❖   Er wird dich niemals unterstützen,
erfolgreich zu sein, weil ihn deine
Überlegenheit innerlich vor Neid
zerfressen würde.

❖   Er ist stolz auf seinen Egoismus.
Frag einen Narzissten, ob er ein Narzisst
ist und er wird dir freudestrahlend ins
Gesicht lachen und die Frage bejahen.
Schließlich hat er durch seine lieblose
Kindheit ja auf so vieles verzichten
müssen und da ist es doch nur "ganz
natürlich" , wenn er sich heute seine
Wünsche erfüllt.

❖   Er erwartet von dir, in allem was
er tut und denkt, volle Rückendeckung.
Auch, wenn er, wie nicht selten, völlig
daneben liegt.

❖   Er wünscht sich eine besonders
hübsche Partnerin.

❖   Er ist arrogant und hat kein
Mitgefühl, wenn es Dir einmal schlecht
geht. Selbst wenn du Kopfschmerzen
oder Zahnschmerzen hast, wird er dich
weiterhin in Beschlag nehmen und dich
mit seinen Geschichten vollquatschen.
Bis Blut kommt.

❖	Forderst du ihn auf, dich in Ruhe zu lassen, weil du Schmerzen hast, kommt das einer Majestätsbeleidigung gleich und der König der Könige wird sich angepisst zurückziehen. Was sind schon so ein bisschen Kopfschmerzen gegen die Auseinandersetzung mit seinem Chef, von der er dir erzählen wollte!

❖	Er entschuldigt sich nie für seine Fehler. Das liegt u.a. daran, dass er nie Fehler macht.😄

❖	Er entwertet andere Menschen permanent. Natürlich auch dich!

❖	Er ist eine Dramaqueen und spricht ständig über sich selbst ,seine Probleme und seine schlechte Kindheit.

❖	Er schwelgt gerne in Selbstmitleid und wehe du schwimmst nicht auf der Welle mit.

❖   Er leidet unter einem Aufmerksamkeitsdefizitsyndrom. Das bedeutet, das er, schon bei der kleinsten Nachlässigkeit von dir, sofort "Knüppel aus dem Sack" macht. Mit Nachlässigkeit meine ich ein längeres Gespräch mit deiner Freundin, ein Mittagsschlaf oder eine kleine Unternehmung, die du allein machen möchtest. Sei gewiss, die Strafe folgt auf dem Fuße!

❖   Er erwartet von dir, dass du dich 24 Stunden am Tag, mit ihm ‚in seiner Nabelschau drehst, bis du totmüde, kaputt und ausgelaugt bist. Solltest du aber nicht sein, weil dies sofort von ihm als Nachlässigkeit empfunden und abgestraft wird.

Um dir die Auswüchse der irrealen Welt, in der Narzissten leben, in einem persönlichen Beispiel zu zeigen, das so traurig ist, dass es schon wieder zum Lachen ist: ca. eine Woche vor

Weihnachten, in unserem letzten
Ehejahr, ließ sich mein Mann, in seinen
neuen Sportwagen, eine Stereoanlage im
Wert von ca. 10.000 € einbauen. Mein
Weihnachtsgeschenk von ihm bestand
aus einem Paket mit fünf Diabetes
Socken! Das ist jetzt kein Witz, sondern
die reine Wahrheit!

Tja, welche Frau wünscht sich nicht so
ein Geschenk von ihrem Mann
besonders, wenn sie gar keine Diabetes
hat!

Deshalb rate ich dir nicht nur, sondern
BITTE DICH: Solltest du, auch nur im
Ansatz das Gefühl haben, einem
Narzissten begegnet zu sein, gibt es nur
eins: renne los, so schnell und so weit du
kannst und sieh nicht zurück!! Niemals!

Falls du dich weiterführend für dieses
Thema interessierst, empfehle ich dir die
YouTube Videos eines Betroffenen, der

unter seiner narzisstischen Freundin gelitten hat. Diese Hör- Videos sind wie ein super spannender Kriminalroman. In allen Einzelheiten wird hier, sehr authentisch, das narzisstische Krankheitsbild beleuchtet. Gib einfach im Internet die Stichworte Narzissmus und Melodias ein und du wirst sehen, ich hab dir nicht zu viel versprochen!

Energie Vampire im Alltag und wie Du sie für immer loswirst

Wie dir jetzt schon mit Sicherheit aufgefallen ist, läuft es im Prinzip immer wieder auf das Gleiche hinaus. Fast alle Menschen, die ein gestörtes Verhalten an den Tag legen, haben in ihrer Kindheit wenig Liebe und Aufmerksamkeit, dafür aber großen Druck und eine hohe Leistungs-Erwartungshaltung von den Eltern erfahren. Auch körperliche und seelische Vernachlässigungen oder Missbrauch, Reizüberflutung ,durch die Scheidung der Eltern oder finanzielle Sorgen , also permanente Überforderungen aus Kindertagen, spielen eine Rolle.

In der Medizin unterscheidet man fünf Typen von Energieräuber-Persönlichkeiten: Soziopathen, Psychopathen, Narzissten, Borderliner, Asoziale.

Nach meiner Erfahrung vereinigt der Narzisst, sozusagen als "All in One" Packet, alle "Qualitäten", von fast allen Psychos, sogar denen des Borderliners.

Der Ausdruck Energie Vampire ist relativ neu und hört sich zuerst lustig an. Dahinter steckt allerdings ein schweres Krankheitsbild.

Menschen, die sich ständig in den Mittelpunkt stellen und uns mit ihrer verbalen Ego-Trip-Dauerbeschallung den letzten Nerv rauben, versuchen mit ihrem durchgeknallten, aufdringlichen Verhalten "nur", ihre Wunden aus der Kindheit zu heilen. Erfolglos natürlich.

Hier ist stilles, non-aktives Mitgefühl angesagt, aber kein Mitleid. Wer mit den armen Geschöpfen mit-leidet, verliert sein eigenes Leben und stärkt sogar noch den Energie Vampir. Auch Mitgefühl, wenn , dann nur in kleiner Dosierung und Begrenzung!

Die schlimmsten Blutsauger sind mit Abstand die Narzissten. Narzissten empfinden sich als Mittelpunkt des Universums und erwarten von anderen, dass sie das genauso sehen. Wer nicht mitzieht, wird aufs Übelste bestraft und zwar skrupellos!

Auch Mr. und Mrs. Perfekt-Psychopathen verschaffen sich Aufmerksamkeit durch extremes Verhalten. Jedes kleinste Alltagsproblem wird aufgebauscht und zu einem riesengroßen Drama stilisiert. Wenn du dich dazu hinreißen lässt, als Statist ,mit auf ihrer Bühne stehen, wird dir diese Rolle Kleinmachgefühle in allen Variationen bescheren.

Wie erkennst du nun diese Ausbeuter? Und was ist die effektivste Reaktion?

Energie Vampire sprechen sehr schnell und sehr viel. Sie sind an einem echten Austausch mit anderen nicht interessiert. Sie brauchen nur jemanden der ihnen zuhört und in einer Endlosschleife, das immer gleiche Klagelied erträgt. Sie überfordern und reizen andere Menschen, wobei sie ihnen das Gefühl

geben ,unbedeutend und klein zu sein.
Nach der Begegnung mit einem Energie
Vampir fühlst du dich müde, ärgerlich
und genervt.

 Es ist traurig, aber wahr. Leider gibt es
nur eine Möglichkeit, einem Energie
Vampir zu begegnen nämlich, ihn
physisch und psychisch zu meiden.
Menschen mit starken Nerven und einem
wurschtigen Gemüt sind eher in der Lage,
Energieräubern zu begegnen. Für
sensible Menschen gibt es nur eins:
"Distanz halten".

Fühle dich auf keinen Fall verpflichtet
diesen Leuten zuzuhören.

 Wie kommst du aus dieser Situation
raus, wenn dich ein Vampir, z.B. in
Gestalt deines Chefs, am Wickel hat? Sieh
im Folgenden, was es dir genau bringt,
wenn du dir diese Vorgehensweise
ansiehst:

✓   Versuche das ganze als ein Schauspiel, eine Theateraufführung zu betrachten.

✓   Wenn du dich emotional distanzierst, behältst du deine Kraft.

✓   Lass dich nicht in die negative Energie deines Gegenüber reinziehen.

✓   Halte dich mit ironischen Kommentaren und Kritik zurück. Das wäre nur Öl ins Feuer gießen.

✓   Identifiziere dich nicht mit dem Gesagten. Wie ein Arzt oder eine Pflegekraft sich von seinen Patienten abgrenzt, so, bleibe auch du bei dir selbst und lass dich nicht aus der Reserve locken. Im schlimmsten Fall ziehe dich mit einer "Unpässlichkeit" aus der Affäre.

✓   Wenn du in deinem privaten Umfeld mit einem Geier zu tun hast, knall im unverblümt die Wahrheit vor den Latz. Sag ihr/ihm, dass er sich ein anderes Opfer für seine " Einer flog übers Kuckucksnest- Show" suchen soll.

✓	Sag ihm/ihr ganz direkt, dass du nicht bereit bist, seine Quatschsucht zu ertragen und er/sie sich einen Therapeuten suchen soll, der dafür bezahlt wird.

✓	Bitte glaube mir: das ist die einzige Möglichkeit, einen Vampir für immer los zu werden. Zeigst du auch nur im Ansatz eine Schwäche, d.h. Mitgefühl, steht er im nächsten Moment schon wieder mit dem Fuß in deiner Tür und der Horror nimmt erneut seinen Lauf.

Dr.Oberschlau und Mr. Besserwisser und wie Du sie zum schweigen brings

Arroganz ist das Selbstbewusstsein der Minderwertigkeitskomplexe!

Superschlaue Besserwisser, die zu jedem Thema ihren Senf dazugeben und ständig andere korrigieren, versuchen damit, ihr schlechtes und schwaches Selbstbild auszubalancieren. Besserwisser sind ständig auf der Suche nach Lob und Anerkennung. Die Gier nach Aufmerksamkeit und Beweihräucherung ,ist ein Fass ohne Boden.

"Wer keinen eigenen Willen hat, will wenigstens alles besser wissen ist", ist ein Zitat von Friedrich Nietzsche.

Wer viel in seinem beruflichen Umfeld mit Besserwissern zu tun hat, braucht Geduld und ein dickes Nervenkostüm.

So, bringst du , schlicht und ergreifend,
Dr. Oberschlau und Mr. Besserwisser
zum Schweigen:

❖	Ignoriere seinen Oberlehrerton
und seine Angriffe. Bleibe ruhig und gehe
absolut nicht auf das Gesagte eines
Besserwisser sein. So lieferst du keinen
Anlass zu weiteren Unterhaltungen.

❖	Unter Kollegen ist ein offenes
Wort angebracht. Stelle den Besserwisser
zur Rede und bitte ihn eindringlich und
höflich, in Zukunft von dieser Art
"Hilfestellung " abzusehen.

❖	Eine andere Variante ist ,dem
Besserwisser eine Kostprobe seiner
eigenen Medizin zu geben, indem du
seine Aussagen bis ins Detail analysierst
und ihm so auf den Zahn fühlst. Zeig Dr.
Oberschlau, dass er gar nicht so
kompetent ist und bring ihn ins Stolpern.
Je öfter du ihm seine Unfähigkeit

vorführst, desto schneller wird er das
Interesse daran verlieren, sich wieder zu
blamieren.

❖   Rede mit ihm Klartext! Zwinge ihn
zur Selbstreflektion, indem du ihn ganz
direkt fragst:" Wie würdest du dich
fühlen, wenn jemand dich ständig
korrigiert und mit seinen
Klugscheißereien auf die Zehen tritt?"

Die beste Methode ist allerdings auch
hier, sich von Dr. Oberklug und Mr.
Besserwisser zu distanzieren und sie ganz
rüde, im Gespräch einfach stehen zu
lassen, denn ein bekanntes Sprichwort
von Walter Ludin lautet: Wer alles besser
weiß, kann nicht eines Besseren belehrt
werden.

Wie Du mit Mobbern und Bullys umgehst

Mobbing und Bullying kann nach § 223 StGB, als strafbare Körperverletzung definiert werden. Verleumdung § 187, Beleidigung § 185 und üble Nachrede § 186 gehören dazu.

Mobber und Bullys haben nur ein Ziel: das Opfer wehrlos zu machen, seinen Willen zu brechen und sein Selbstbewusstsein und Selbstwertgefühl zu zerstören.

 Menschen, die andere schikanieren und versuchen fertig zu machen, leiden unter einem sehr ähnlichen Krankheitsbild wie Dr. Oberschlau, Mr. Besserwisser und Co.! "Nur" in aggressiver Ausführung.

Diese Menschen versuchen, die eigenen Fehler und Unzulänglichkeiten, mit aggressiven Attacken oder subtiler Zermürbung ,auf andere zu kaschieren, wobei dieses Verhalten ein Schuss ins

eigene Knie ist, denn psychologische
Studien haben ergeben, dass mobben die
Mobber selbst fertig macht.

Ein buddhistisches Sprichwort sagt:
Wenn du mit heißen Kohlen nach
anderen wirfst, wer verbrennt sich
zuerst?

Überall da, wo viele Menschen eine
Zwangsgemeinschaft bilden, kommt es zu
Rivalitäten, Konkurrenzdenken und
Ausgrenzungen. Der Psychoterror kann
die unterschiedlichsten Formen und
Facetten aufweisen.

Wer sich gegen Mobber nicht richtig
wehrt, kann sich ein "Kleinmachgefühl
mit Garantie" einfangen.

Es ist in jedem Fall wichtig, auch hier auf
deine Intuition zu hören, denn bereits
respektlose Kritik, kann ein
Mobbingversuch sein. Auch schweigende
Isolation kann eine Mobbingattacke
darstellen.

Bullys und Mobber stürzen sich auf alles ,was anders ist. Das kann eine ausgefallene Haarfarbe, extravagante Kleidung, eine kleine Schwäche oder ein kleiner Schönheitsfehler sein. Egal, Mobber greifen nach jedem Strohhalm, nur, um ihr kaputtes Ego aufzubrezeln. Sexuelle Belästigungen bis hin zu Sabotage und Gewaltandrohung, gehören zum Repertoire.

In jedem Fall heißt die Devise für Mobbingopfer: Angriff ist die beste Verteidigung! Hier einige Strategien, wie du dich erfolgreich wehren kannst:

❖   Sprich mit deinem Chef. Er ist laut Gesetz dazu verpflichtet, dich vor diesen Attacken zu schützen.

❖   Sei auf keinen Fall zaghaft! Hol sofort die scharfen Geschütze raus. Sprich mit dem Bully unter Zeugen und drohe ihm, bei Wiederholung ,mit dem Betriebsrat oder einem Fachanwalt.

❖	Zeig keine Angst und ziehe dich nicht zurück!

❖	Führe ein Mobbing Tagebuch, indem du mit Datum und Uhrzeit alle Versuche gegen dich festhältst. Das kann für eine spätere Schadensersatzklage wichtig sein.

❖	Es gibt viele Beratungsstellen für Mobbingopfer. Erkundige dich dort in jedem Fall, welche Möglichkeiten du hast.

Bullying und Mobbing sind im Prinzip das Gleiche. Der Begriff Bullying wird meist für den privaten Bereich benutzt und Mobbing für die Arbeitswelt.

Ekelpakete und Miesmacher – so baust Du eine starke Schutzmauer

Wie unglücklich muss ein Mensch sein, der sich seiner Umwelt als Sozipath , Narzisst oder Ekelpaket präsentiert! Es gibt sie überall, die Menschen, die alles und jeden schlechtreden.

Fast ein Drittel aller Menschen fühlen sich, in ihrem Privatleben und an ihrem Arbeitsplatz, Feindseligkeiten ausgesetzt.

Viele Menschen werden für ihre Arbeit, nach ihrer Leistungsqualifikation ausgewählt und nicht nach charakterlichen Eigenschaften. Auch im Privatleben sind die Superior-Standards: schön, reich und intelligent , statt warmherzig, gütig und zuverlässig.

Wer Ekelpaketen und Miesmachen begegnet, muss sich klar darüber sein, dass diese Menschen andere verletzen wollen, um sich selbst zu entlasten.

Verschwende keine Zeit damit, mit diesen
Menschen zu kämpfen. Wichtig ist diesen
" Schattenmenschen" keine Macht über
dich zu geben. Lass dich niemals
provozieren und von deinem Weg
abbringen. Bleibe immer höflich und
korrekt, auch wenn das manchmal sehr
schwer fällt.

Ekelpakete verstecken in ihrem Lob
gerne eine Beleidigung wie z.B.: " Das
hast du aber gut gemacht, für ein
Mädchen" oder verpacken eine handfeste
Beleidigung gerne als Scherz, wie:
"Welche Kleidergröße hast Du
eigentlich"?

Keiner wird dadurch besser, indem er
andere schlecht macht. Im Gegenteil. Je
mehr ein Mensch andere schlecht redet,
desto mehr offenbart er seine Schwächen
und Charakterfehler. Niemand will auf
Dauer mit Miesmacher etwas zu tun
haben und eines Tages stehen diese
Menschen vollkommen isoliert da.

Wer sich ständig auf das Leben anderer konzentriert, zeigt damit, dass er mit seinem eigenen Leben unglücklich ist oder sich nicht auseinandersetzen will. In jedem Fall steckt immer ein kleiner, unglücklicher, toxischer Wurm, hinter dem altklugen und arroganten Gewäsch von Miesmachern.

Es gibt eine sehr offensive Taktik, Ekelpakete und Miesmacher mundtot zu machen. Wenn eine Kollegin oder eine Freundin, das nächste Mal wieder, hinter vorgehaltener Hand, ihre Lästereien über andere bei dir loswerden möchte, sagst du freundlich aber bestimmt:

❖   Ich möchte mit diesem Müll nichts zu tun haben. Wenn dir etwas nicht passt, bespricht das bitte mit der Person direkt.

❖   Hast du eine Lösung für das Problem ,über dass du hier lästerst, parat? Wenn nicht, solltest du lieber schweigen.

❖	Biete dem Miesmacher eine Wette an. Setze den Wetteinsatz hoch an z.B. bei 100 € und erkläre ihm, dass du bereit bist, die Wahrheit über seine Intrige herauszufinden. Wetten, dass er ganz schnell zurück rudert!?

❖	Sei dir immer bewusst, dass es diesen Menschen nicht um die Sache selbst geht, sondern darum, ihr eigenes schlechtes Selbstwertgefühl zu füttern und Macht und Kontrolle über andere Menschen zu bekommen.

❖	Veranlasse den Miesmacher, seine Karten auf den Tisch zu legen und zu beweisen, woher er seine Informationen hat und ob sie der Wahrheit entsprechen. Oft sind toxische Menschen feige, weil die Überfürsorge für sich selbst und das eigene Wohl, immer an erster Stelle in ihrem Leben stehen.

❖	Eine unfeine, aber sehr wirkungsvolle Methode ist es, die

verlogene Doppelmoral eines
Ekelpaketes, offen zur Schau zu stellen.
Blamiere ihn vor versammelter
Mannschaft und zeige so den anderen,
wer hier in eurem Team für die Intrigen
und schlechte Stimmung verantwortlich
ist.

In jedem Fall solltest du dir von diesen
Menschen deine positive
Lebenseinstellung und gute Laune nicht
verderben lassen! Lass dich auf keinen
Fall in diese Negativspirale herein ziehen.
Denke immer daran, dass die meisten
Menschen mit einer auffälligen
Verhaltensstörung, im Grunde arme
Würstchen sind. Okay, nicht selten
können uns diese armen Würstchen
unseren Alltag ziemlich versauern, aber
erinnere dich immer wieder daran, dass
es deine Aufgabe ist und ,dass du das
Recht hast, dich zu schützen! Du hast die
Macht! Du hast es in der Hand, ob du
dich von ihnen beeindrucken lässt.

Wie wortlose Demütigungen und Alltagssadismus funktionieren und wie Du sie abwehrst

Eine besonders perfide Form, andere Menschen zu verletzen und ihnen ein Kleinmachgefühl zu geben, können wortlose Gesten und lautes Schweigen sein. Das nennt man in der Psychologie passiv- aggressives Verhalten.

Wer in seiner Kommunikation mit dem Partner nicht auf ihn eingeht, sondern ihn mit Augenrollen, lautem Stöhnen und herablassenden, lapidaren Sprüchen, wie z B.: " Kein Problem! Alles roger! Mach dir keine Sorgen, passt schon!"

Mit diesen Spitzen versucht der Alltagssadist ,dich aus der Reserve zu locken und dir ein schlechtes Gewissen zu machen. Du fühlst dich bemüßigt, Erklärungen und Rechtfertigungen abzugeben. Du fühlst dich in der Defensive.

Mit dieser kunstvollen Bosheit , geht dein Partner einer offenen und ehrlichen Klärung aus dem Weg und macht dir so subtil und hinterhältig Druck.

Ambivalentes Verhalten nennt man eine andere Grausamkeit der Demütigungen.

Beispiel : Du bittest deinen Mann um eine Aussprache. Er geht zum Schein darauf ein, er lässt dich reden und du nimmst Fahrt auf, weil keine angemessene Reaktion von ihm kommt. Stattdessen schaut er immer wieder auf die Uhr und checkt sein Handy nach E-Mails. Seine Antworten bestehen aus: Mmmmm, Ach was oder was hast du da gerade noch mal gesagt? Ein solches Verhalten zielt darauf hin, dir ein Kleinmachgefühl vom feinsten zu verpassen.

Eine bevorzugte Methode, die besonders von Narzissten immer wieder gern genommen wird, ist das sogenannte

"Silent-Treatment"? Dein Partner weigert sich über Stunden, Tage oder sogar Wochen, mit dir zu sprechen. Diese Art der Bestrafung ist die ultimativste Form der Machtdemonstration.

 Alltagssadisten, mit ihren erbärmlichen Spielchen, gibt es nicht nur in der Partnerschaft, sondern auch im Berufsleben.

Wichtig für dich ist immer zu wissen, dass du keine Schuld hast! Egal, wie du dich verhältst, Alltagssadisten werden immer ein Haar in der Suppe finden!

 Lasse dir dein positives Selbstbild nicht zerstören. Alltagssadisten brauchen das Elend anderer Menschen, um sich gut zu fühlen. Sie fühlen sich als totale wertlose Versager und schrecken vor nichts zurück, ein machtvolles Idealbild von sich zu erschaffen. Egal, wie, durch wen und ohne Rücksicht auf Verluste.

Zeigst du dich betroffen oder sogar verletzt, ist das nur Wasser auf ihre

Mühlen und eine indirekte Aufforderung, dich weiter schlecht zu behandeln.

Hier einige der besten Strategien, wie du mit diesen Menschen umgehst:

❖ Wichtig für dich ist eine gute Impulskontrolle. Lass dich nicht aus Ärger oder Frust zu direkten Reaktionen hinreißen. Bleibe gelassen und schlage nicht zurück, denn genau das ist es, was diese Individuen sich wünschen. Eine Reaktion! Hauptsache Aufmerksamkeit!

❖ Ein offenes Gespräch und Verständnis zu zeigen, warum sich dein Partner so verhält, ist sicher eine rührende und gut gemeinte Geste, aber wird nichts bringen.

❖ Einem Menschen zu verzeihen ist eine große Tat und zeugt von guten Charakterqualitäten. Für Alltagssadisten ist dies allerdings eine "Aufforderung zum Tanz" , weil sie in ihrer wahnwitzigen, kranken Welt, deine Großherzigkeit als Schwäche interpretiert. Auch Grenzen aufzuzeigen oder diesen Menschen einen Spiegel vorzuhalten, gleicht dem Kampf gegen Windmühlen.

❖   Es bleibt nur das, was dir jeder Psychologe raten würde, nämlich: die Trennung! Menschen die andere vorsätzlich demütigen, fehlt jegliche Empathie und damit auch die Grundvoraussetzung ,für eine gesunde zwischenmenschliche Beziehungen!

Wichtig nach so einer Erfahrung ist es, dich ganz auf deine Stärken und Vorzüge zu konzentrieren und durch heilsame Selbstliebe, wieder zu einem positiven Selbstwertgefühl und starken Selbstvertrauen zu gelangen.

Menschen, die Du nicht verstehen must

Wie oft haben wir uns schon gefragt: warum verhält sich diese oder jene Person so unmöglich?

Auf diese Frage gibt es keine befriedigende Antwort, denn jeder Mensch ist eben so wie er ist und das meistens sein Leben lang, wenn wir der Philosophie von Arthur Schopenhauer folgen wollen, die sagt: Der angeborene Charakter eines Menschen ist unveränderbar und zieht sich wie ein roter Faden durch sein ganzes Leben.

Sicher spielen auch die Erfahrungen in der Kindheit eine große Rolle, doch der erworbene Charakter ,durch Lebenserfahrungen, wird immer auf dem angeborenen Charakter basieren. Nicht jeder Mensch, der in seiner Kindheit keine Liebe erfahren hat wird zum Narzissten. Nicht jeder Mensch, der als

Kind unter der Scheidung seiner Eltern gelitten hat, wird beziehungsfähig.

 Jeder Mensch kann am Ende nur das leisten, was sein angeborener und erworbener Charakter ergibt.

 Deshalb gibt es nur eine sinnvolle Perspektive, nämlich die, jeden Menschen ,mit seinen Eigenarten, als persönliche Wachstums-Trainingseinheit für dich selbst zu sehen.

Was dich nicht umhaut, macht dich stärker!

Fokussiere deine Energie auf das, was du von anderen lernen kannst und sei es in manchen Fällen auch nur, nicht so zu sein, wie sie.

Ein buddhistischer Lehrsatz lautet: der Weg führt von innen nach außen und nicht von außen nach innen.

Deshalb heißt es nicht, "du ärgerst mich", sondern "ich lasse mich ärgern". Du bist nicht verantwortlich für das Verhalten anderer Menschen. Du bist nur verantwortlich für dich selbst und kannst deshalb auch entscheiden, welche Gefühle du zulässt und welche nicht.

Hilfreiches Mitgefühl für Menschen und Tiere zu zeigen, die es nicht so gut getroffen haben wie du, ist immer etwas Gutes. Mitzuleiden ist keine wirkliche Hilfe. Im Buddhismus heißt es, dass, wenn jemand in einen Brunnen gefallen ist, du ihm vom Brunnenrand, z.B. mit Stricken und einer Leiter, versuchen kannst ‚herauszuhelfen. Das ist hilfreiches Mitgefühl. Mitleid bedeutet, selbst in den Brunnen nachzuspringen.

Wichtig ist, dass du dich täglich in heilsamer, harmonischer Selbstliebe übst! Das schützt dich ganz natürlich und sicher vor hässlichen Angriffen.

Drama Dates – Männer, die Du dir ersparen solltest

Es ist anstrengend ,den richtigen Mann fürs Leben zu finden. Manchmal sind es Mogelpackungen, die unser Herz im Sturm erobern und dann, eines Tages wachen wir neben einem Blender, Chauvi, Womanizer oder im schlimmsten Fall neben einem Narzissten auf.

Du möchtest dir Enttäuschung dieser Art ersparen und deine Zeit nicht verschlabbern!?

 Hier einige Anhaltspunkte, wie du diese Typen schon im Vorfeld identifizierst:

> Der Profilneurotiker ist am leichtesten sofort zu erkennen. Er redet ohne Punkt und Komma nur von sich selbst und seiner grandiosen Einzigartigkeit! Er fällt

dir ständig ins Wort und erklärt dir seine Welt von Hölzchen auf Stöckchen. Jeder Versuch eines harmlosen Gespräches artet in einen Endlosmonolog aus! Er gibt dir das Gefühl klein und unbedeutend zu sein. Vorsicht, hinter einem Besserwisser kann sich ein böser Narzisst verstecken.

➢ Der Blender ist im ersten Kontakt schwieriger zu erkennen. Er ist ein geschickter Hochstapler, der sich und seine "High Society Welt " sehr geschickt verkauft. Er jettet beruflich um die Welt, besitzt eine tolle Penthouse-Wohnung und ist weltmännisch souverän und charmant. In Wirklichkeit wohnt er noch bei Mama und Papa zu Hause und hat sich das schicke "Blender Auto" von seinen Eltern bezahlen lassen. In diesem Fall solltest du dem Mann sofort auf den Zahn fühlen und dich ganz

schamlos zu einem Drink in seine
"Penthousewohnung" einladen.
Wer dich mit Ausreden und einer
Hinhaltetaktik versucht
abzuspeisen, von dem solltest du
dich sofort verabschieden.

➢ Den Sparfuchs erkennst du auch
sofort! Er läd dich beim ersten
Date nicht zum Essen ein ,
sondern in seine Stammkneipe
oder er teilt sich die Rechnung mit
dir , bei einem Restaurantbesuch.

Er berichtet dir ausführlich, was er in
seiner Wohnung alles selbst gemacht
hat , wo es die besten Schnäppchen-
Preise gibt und die meisten
Sparcoupons. Er erzählt ihr ausgiebig
von seiner Ex und lässt kein gutes
Haar an ihr, weil sie doch so
verschwenderisch war. Mehr musst
du dann auch über diesen Mann nicht
wissen!

- Der Pessimist redet alles und jeden schlecht. Er mäkelt am Essen herum und an der Bedienung und überhaupt ist das ganze Universum ein feindlicher Ort! Er gibt dir zum Abschluss einen Kuss auf die Wange und dabei solltest du es dann auch belassen!

- Benjamin Blümchen scheint auf den ersten Blick der ideale Mann für eine Familiengründung zu sein. Er ist fürsorglich, hilfsbereit und immer zur Stelle, wenn Not am Mann ist. Er wünscht sich eine große Kinderschar, aber Erotik und Sex sind nicht sein Ding. Deshalb kannst du in diesem Fall besser gleich deinen Vater daten.☺

- Der schöne Womanizer. Wer wünscht sich nicht einen attraktiven Mann, um den dich

alle Freundinnen beneiden. Der
Womanizer hat auf seinem Konto
mehr Frauen als Euro. Er übt sich
in ständiger
Selbstbeweihräucherung und
erwartet von dir, dass du ihn mit
Komplimenten und Bewunderung
einseifst. Er besitzt eine Galerie an
teuren Gesichtscremes und
Parfums und den neuesten Instyle
Haarschnitt. Du fühlst dich neben
ihm wie eine graue Maus und
kannst praktisch hören, wie dein
Selbstbewusstsein in den Keller
rauscht. Bereits nach dem ersten
Date hast du ein Kleinmachgefühl,
von dem du dich die nächsten
Tage nicht erholst. Womanizer
sind nicht nur anstrengend,
sondern auch langweilig ,nach
dem Motto: die meisten goldenen
Nüsse ,die außen glänzen, sind
innen hohl!

Zum Abschluss dieses Kapitels aber einige Hinweise, die darauf schließen lassen, dass du den absoluten Traummann getroffen hast:

✓   Er wartet bereits eine halbe Stunde, vor der Dating Uhrzeit , vor deinem Haus.

✓   Er fragt dich, ob er dich in DEIN Lieblingsrestaurant einladen darf.

✓   Er hat dir einen dezenten kleinen Blumenstrauß mit weißen , duftenden Orchideen mitgebracht.

✓   Er hat sein Handy ausgeschaltet.

✓   Er konzentriert sich ausschließlich auf dich und stellt dir viele Fragen. Er zeigt großes Interesse an deinem Leben.

✓   Er fragt dich NICHT über deine Vergangenheit und deine Männergeschichten aus.

✓	Er redet nicht über seinen Beruf und seine Verflossenen.

✓	Er zahlt selbstverständlich die Restaurantrechnung.

✓	Er fragt dich ob du müde bist oder er dich noch zu einem Late Night Cocktail, in eine Bar einladen darf.

✓	Er bringt dich zur Tür, haucht dir einen zarten Kuss auf die Lippen und zum letzten Abschied küsst er deine Hand.

Ich gratuliere dir zu Mr. Right!

So stärkst Du dein Selbstbewusstsein gegen toxische Menschen

Nachdem du nun gesehen hast, wie wichtig es ist, auf dem Weg zu dir selbst, Selbstliebe und Fürsorge zu entwickeln, lernst du jetzt wie du mit den Erkenntnissen des eigenen Ichs, immer tiefere Einblicke in dein innerstes selbst bekommst und so sicher wirst, im Umgang mit toxischen Menschen und dein Selbstbewusstsein effektiv stärkst.

Kränkungen sind immer ein Test für unser Selbstwertgefühl. Oft lösen sie ein Gefühl von Hilflosigkeit aus. Kränkungen können uns an unsere Grenzen bringen und wir fühlen Angst, Scham und Wut. Besonders gezielte Kränkungen, die an unseren Schwächen rühren, haben eine sehr lange Halbwertszeit.

Zunächst sollten wir uns einmal anschauen, welche "Opfertypen" von toxischen Menschen bevorzugt werden.

Hier heißt der Leitspruch: Gegensätze ziehen sich an!

Bist du ein besonders positiver und hilfsbereiter Mensch, ein guter Zuhörer, ehrlich und kontaktfreudig? Dann bist du, als guter Mensch ,ein rotes Tuch für toxische Menschen und weckst alle Teufel in ihnen, weil du ihre Missgunst, ihren Neid und ihre Eifersucht zum Vorschein bringst. Toxische Menschen gönnen niemandem Glück und Erfolg.

Was ist also zu tun, wenn andere Menschen, auf irgendeine Art nicht gut für dich sind? Deine Intuition und deine Bauchgefühlstimme sind, wie immer, der Wegweiser in die richtige Richtung.

Auch wenn du in deiner aktuellen Situation an einem Kleinmachgefühl leidest, dass dich herunter zieht und die Welt um dich herum grau in grau erscheinen lässt. Ich glaube ganz fest daran, dass du es in der Hand hast, dein Selbstwertgefühl und deine Selbstliebe so zu stärken, dass es dir bald wieder deutlich besser geht.

Wichtig ist, dass du jetzt der Mittelpunkt deiner Welt für dich bist und dir meine Lieblingsratschläge zu Herzen nimmst:

❖ Mach dich frisch. Innerlich und äußerlich. Wasche dein Herz von schlechten Gefühlen und Gedanken rein. Auch wenn es sich simpel anhört, aber mir haben diese kleinen Unternehmungen immer sehr geholfen, meinen Geist und Körper zu beleben. Geh an die frische Luft und stürzt dich nach dem Spaziergang in das nächste Wellness-Schwimmbad. Nicht umsonst haben Studien ergeben, dass Wasserkuren durch ihre natürliche Reizung die Lebensqualität deutlich verbessern.

❖ Werde kreativ und nimm dir bewusst Zeit nur für dich selbst. So, lernst du wieder zu AGIEREN, statt zu REAGIEREN.

❖ Stoppe negative Selbstgespräche, indem du dir in der Außenwelt Dinge suchst, die dir besonders Freude machen. Lade Dich selbst zu einem Sonntagsbrunch in ein hübsches Restaurant ein und/ oder setz dich in den Zug oder ins Auto und fahr in eine andere, fremde Stadt, zu einem ausgiebigen Shoppingbummel. Es reicht, wenn du dir mit Kleinigkeiten etwas Gutes tust. Ein neuer Lippenstift, ein neuer Haarschnitt und ein neuer Duft können Wunder wirken.

❖ Räume deine Wohnung auf. Nimm einen großen Müllsack und wirft alles hinein, was dich an negative Erlebnisse in der Vergangenheit erinnert. Sei großzügig. Tritt alles in die Mülltonne, was dir beim Anblick einen schlechten Impuls gibt. Ist es der Lieblingsstuhl deines Ex, auf dem er immer so gerne gesessen und gefrühstückt hat? Ab auf den Sperrmüll! Ist es z.B. das Wohnzimmer Sofa oder das Bett, dass

immer wieder Erinnerungen in dir
hochbringt? Erkundige dich ,welche
Hilfsorganisation diese Sachen kostenfrei
abholt oder verkauf sie einfach und fahr
gleich morgen früh ins größte Möbelhaus
der Stadt. Dort kannst du den ganzen Tag
herum bummeln und dich für ein neues
Bett oder eine Couch entscheiden. Auch,
wenn du es dir im Moment finanziell
nicht leisten kannst, vereinbare eine
Ratenzahlung. Wichtig ist nur, dass du
auch alle optischen Störfaktoren aus
deinem Leben verbannst. Du und dein
Leben sind jetzt das Wichtigste!

❖   Mach ein bisschen Urlaub und sei
es auch nur mit einer Übernachtung in
einem Spa Hotel. Entspanne dich im
Aromadampfbad und lasse dich
anschließend massieren.

❖   Genieße deine Wahlfreiheit! Geh
in einen Schuhladen und probiere 100
verschiedene Schuhe an. Zum Schluss

kaufst du dir ein paar farbenfrohe
Slippers für 5 €.

❖	Kino Hopping! Such dir ein großes
Cinemaxx Center und verbringe einen
ganzen Nachmittag und Abend mit
Filmen und Popcorn bis zum Abwinken.

❖	Spiele mit deinem inneren Kind
und schlag über die Stränge. Womit hast
du als Kind am liebsten gespielt? Geh in
den nächsten Spielzeugladen und tobe
dich hemmungslos aus, ohne etwas zu
kaufen.

❖	Geh in ein All-you-can-eat
Restaurant und stopf dich mit Leckereien
voll. Vergiss dein Gewicht. Lebe einfach!

❖	Verbringe einen Nachmittag in
einem Nostalgie Café und schreib dir, bei
einem riesengroßen Stück Sahnetorte,
folgende Liste:

❖   Wenn es nicht zu verrückt wäre, würde ich gerne einen Pole Dance Kurs machen.(z.B.)

❖   Wenn ich mehr Zeit hätte, würde ich. . . .

❖   Wenn ich mehr Geld hätte, würde ich. . .

❖   Ich wollte schon immer gerne. . . .

❖   Keinen Tag ungeküsst! Sei mal völlig distanzlos und wirft alle Schüchternheit ab. Gib den Männern von der Müllabfuhr einen Kuss auf die Wange und bedanke dich für ihren jahrelangen guten Service mit einem Schnaps. Lade deinen Postboten auf eine Tasse Kaffee in deine Küche ein und frag ihn über sein Leben aus. Mach der Drogerieverkäuferin an der Kasse ein Kompliment über Ihre freundliche Bedienung. Gib deinem Zahnarzt einen frischen Kuss und belohne ihn mit deinem strahlenden

Lächeln. Bums, Aus, Micky Maus. So
einfach geht's!

❖	Tue kleine verrückte, witzige
Dinge, die dir ein leichtes und
unbeschwertes Lebensgefühl geben!

❖	Das macht dich frei und
übermütig. Ich persönlich halte nichts
von der psychologischen Empfehlung,
deine Komfortzone zu verlassen, um dich
neuen Erfahrungen zu stellen, die dir
eventuell Angst machen. Jenseits deiner
Komfortzone warst du, durch deinen
toxischen Ex-Mann oder andere
psychisch gestörte Menschen, lange
genug. Du brauchst keinen neuen Stress,
sondern Ruhe, Selbstliebe und Freude an
Dingen, die deine Seele heilen!

So, machst Du dich unabhängig von schlechten Einflüssen

Ebenso, wie die Atmosphäre an bestimmten Orten einen negativen oder positiven Einfluss auf unser Gemüt haben kann, so können uns manche Menschen, allein mit ihrer Ausstrahlung herunterziehen. Wir sagen dann: die Chemie stimmt nicht!

Bestimmt hast du dieses Gefühl auch schon gehabt, dass dir ein Mensch, obwohl du ihn gar nicht kennst, auf Anhieb sympathisch ist (oder eben umgekehrt).

Wer eine besonders starke Intuition hat, spürt diese verschieden Auren sehr deutlich.

Wenn du auf Anhieb ein schlechtes Gefühl, im Kontakt mit einem neuen Menschen hast, solltest du diesem auch zunächst nicht vertrauen. Ein gewisses

Maß an Distanz ist hier sinnvoll ,nach dem Motto: Vertrauen ist gut Kontrolle ist besser!

Ich persönlich glaube, dass es Gut und Böse, Richtig und Falsch gibt. Die buddhistischen Lehren bedienen sich einer anderen Terminologie: heilsam und unheilsam.

Hier einige hilfreiche Tipps, wie du dich vor negativen Einflüssen schützt:

> Bevor du einem Menschen vertraust, solltest Du dich vorab mit der Rolle des Zuhörers begnügen.

> Wenn es möglich ist, überprüfe die Geschichten deines gegenüber auf ihren Wahrheitsgehalt.

> Vermeide schnelle und heftige Reaktionen.

> In der Psychologie heißt es, dass Alltags-Klatsch und Tratsch bis zu einem gewissen Maß sogar gesund sind. Wer allerdings neu in deine Firma kommt und sofort über den alten Arbeitsplatz herzieht, sollte mit Vorsicht genossen werden.

> Verhalte dich stets freundlich und korrekt, aber schütze deine Grenzen. Oft sind es die besonders guten Menschen, die zum Spielball von Menschen mit schlechten Charaktereigenschaften werden.

> Intriganten identifizierst du relativ leicht. Wenn deine Intuition dir sagt, dass dir jemand unehrliche Kritik oder ein unehrliches Kompliment macht, kann sich dahinter Neid und Eifersucht verstecken. Wer dir heute freundlich ins Gesicht lacht und zustimmt und morgen hinter deinem Rücken eine gegenteilige

Meinung zum Besten gibt, ist
hinterhältig.

➤ Entschuldige dich, wenn du etwas
falsch gemacht hast und erwarte
das genauso von anderen.
Schlechte Menschen, die sich in
der Regel niemals entschuldigen,
haben große Probleme mit ihrem
Selbstwert und allen daraus
resultierenden Mängeln. Halte
Abstand von ihnen!

➤ Wenn sich nach einem klärenden
Gespräch ‚mit dieser betreffenden
Person nichts ändert, gehe
konsequent auf Distanz.

➤ Jeder Mensch der lügt, will damit
einen Vorteil für sich selbst
erwirken. Wer dich mehrmals
vorsätzlich angelogen hat, wird
dies auch in Zukunft tun. Gib
diesem Menschen nicht immer

wieder eine neue Chance, sonst
tust du dir selbst nur weh.

➢ Du kannst das Verhalten anderer
Menschen nicht kontrollieren
,aber was du in deiner Macht hast,
nämlich dich selbst zu schützen
und dich nicht von deinem guten
Weg abbringen zu lassen, solltest
du immer umsetzen.

➢ Menschen, die dich immer wieder
bedrängen und dich pushen
wollen, haben definitiv nichts
Gutes im Sinn. Lass dich niemals
unter Druck setzen, sondern
fordere den anderen auf, dieses
penetrante Verhalten zu
unterlassen. Sollte der andere
ungerührt weitermachen, übe dich
in Schweigen und lass ihn gegen
die Wand laufen, bis er umfällt.

So, wird es dir egal, was andere von dir denken

Wer sich ständig mit anderen vergleicht und sich Sorgen darüber macht, was andere denken, lebt nicht nur an seinem eigenen Leben vorbei, sondern verschwendet jede Menge Energie und wird unglücklich, weil es im Leben immer jemanden gibt, der schöner, intelligenter oder reicher ist.

Wie wirst du diese Angewohnheit nun los?

 Ganz einfach: jeder Mensch lebt mit seinen Vorstellungen und Vorlieben in seiner eigenen Welt. Wenn du diesen Weltbild nicht entspricht, ist das nicht dein Problem , sondern das Problem der anderen. Du musst dich nicht verbiegen, wenn einem anderen deine schwarz lackierten Fingernägel oder deine Frisur nicht gefallen. Wer dich kritisiert, versucht nur, dir seine eigene Vorstellung aufs Auge zu drücken, wie SEINE Welt zu funktionieren hat.

Bring dein Kleinmachgefühl zum Schweigen und dreh dich nicht mit unnützen Fragen im Kreis, wie andere dich bewerten. Damit hemmst du dich in deiner Persönlichkeitsentwicklung! Du lebst in einem Gefängnis und in diesem emotionalen Gefängnis steht ein Hamsterrad, in dem du dich zur Zielscheibe für andere machst. So, kommst du keinen Schritt weiter auf deinem Weg, deine Träume zu verwirklichen.

Wer Angst davor hat, von anderen abgelehnt zu werden, was immer auch der Grund sein möge, steht ständig unter Strom, weil er permanent auf seine Außenwelt reagieren muss. Mit dem Wunsch Everybody's Darling zu sein machst du dich kaputt, denn niemand kann dieses Ziel erreichen.

Wenn du pro-aktiv lebst, ist dir die Meinung anderer automatisch egal!

Selbstbestimmt zu leben bedeutet, in erster Linie du selbst zu sein, also authentisch. Zu zeigen, was du möchtest, brauchst und bevorzugst. Nur, wer für sich selber einsteht, erreicht seine Lebensziele. Liebe dich selbst so sehr du kannst und schäme dich nicht dafür. Sei mutig und höre nicht auf andere. Nur wenn du echt bist, bist du auch frei!

Was bedeutet Authenzität jetzt genau:

❖ Du selbst kennst dich am besten und damit auch deine Wünsche und Träume.

❖ Schaffe dir deine eigenen emotionalen, sozialen und physischen Räume, in denen du aufblühen kannst.

❖ Warte nicht auf die Erlaubnis anderer, um zu handeln.

❖	Verlasse dich in erster Linie auf dich selbst, so bleibst du unabhängig.

❖	Erkenne deine Stresssituationen und ziehe dich aus ihnen zurück. Du musst nicht alles im Leben meistern können.

❖	Schalte dein Highspeed Gedankenkarussell ab und setze dir klare Ziele. Klare Entscheidungen sind die mächtigsten Motivationen.

❖	Finde deine Bestimmung, über deine Talente und angeborenen Vorzüge.

❖	Frage dich ,wie du dich fühlen möchtest. Intensiviere in dieses Gefühl täglich! So, bist du bereits auf dem Weg zu deinem Ziel.

Die besten Strategien für eine effektive Kommunikation mit dominanten Menschen

Wir alle kennen die schrecklich nette Simpson Familie aus dem Fernsehen. Ihr Oberhaupt ist der Inbegriff von Egoismus, Autorität und Cholerik.

In unserer realen Welt gibt es allzu oft einen Mister Simpson, der der Zeichentrickfigur verblüffend ähnlich ist.

 Dominanten Menschen fehlt es an Empathie. Wer sich nicht in andere Menschen hinein fühlen kann oder will, reagiert oft unberechenbar und kaltschnäuzig. Mache dir von vorneherein bewusst, dass du es einem kontrollsüchtigen Perfektionisten eh nicht zu 100% recht machen kannst. Deshalb versuch es erst gar nicht. Spar deine Energien!

Gib einfach dein Bestes und dann heißt es
für dein Gegenüber: take it or leave it!

Wer mit autoritären Menschen zu tun
hat, sollte folgende Tipps beachten:

❖   Vermeide im Umgang mit diesen
Menschen emotionales Geplauder und
langatmige Erklärungen. Besonders
dominante Menschen sind unsicher und
haben nicht nur Angst vor ihren eigenen
Gefühlen, sondern besonders Angst vor
den Gefühlen anderer Menschen. Oft sind
dies auch die Menschen, die keine Tiere
mögen, weil Hunde und Katzen z.B.
spontan, offen und ehrlich ihre Gefühle
zeigen. Das gibt den Psychos ein
unsicheres Gefühl, weil sie den
Kontrollverlust fürchten.

❖   Zeige starkes Selbstbewusstsein
und fokussiere dich auf Lösungen und
nicht auf Probleme.

❖	Verzichte auf Provokationen und emotionale Fantasiereisen, die dich vom Thema abbringen.

❖	Zeige Respekt, aber keine Unterwürfigkeit.

❖	Halte festen Augenkontakt mit deinem Gegenüber und zeige keine Reaktion bei unverblümten Attacken. Bleibe cool und sachlich.

❖	Stärke deine Frustrationstoleranz!

❖	Schalte deinen gesunden Menschenverstand aus und sei dir bewusst, dass die Geltungssucht dieser Machtmenschen, ihrem mickrigen Ego entspringen.

❖	Vergleiche Machtmenschen mit einer Taube, mit der du Schach spielst: die Taube wird alle Figuren umwerfen, aufs Brett kacken und triumphierend davon stolzieren.

❖   Die einzig wahre Strategie, im Kontakt mit einem Machtmenschen, als Sieger hervorzugehen ist, nicht zu kämpfen.

❖   Beschränke die Kontakte auf das notwendigste Minimum.

❖   Machtmenschen lassen sich am besten manipulieren, indem du ihrer Eitelkeit schmeichelst mit Sätzen wie: Sie sind der Einzige, der mich in dieser Sache versteht. Ich weiß sonst nicht, wer mir da helfen könnte.

❖   Denke immer daran, je mehr ein Mensch die Muskeln spielen lässt, desto unsicherer und unglücklicher ist er.

Die erfolgreichsten Strategien gegen Kleinmachgefühle und die enge , böse Welt der Runtermacher

Du hast jetzt schon sehr viel über die Hintergründe erfahren, warum negative Menschen versuchen, andere runter zu machen und ihnen ein Kleinmachgefühl zu indoktrinieren.

 Du hast erkannt, dass das Kleinmachtgefühl, mit seinen schwachen und hilflosen Gefühlsregungen, nichts mit dir zu tun hat, sondern du "nur " als Reflektionsfläche dieser kranken, negativen Menschen, fungierst und reagierst.

Du weißt jetzt auch, dass du als besonders guter, empathischer und wertvoller Mensch, das bevorzugte Opfer für diese Psychopathen bist. Sie stürzen sich, neidisch und eifersüchtig auf deine

Charakterqualitäten und deine besondere Persönlichkeitsstruktur, mit dem Ziel, dass du dich genauso elend und schlecht fühlst, wie sie selbst.

Es ist in meinen Augen sehr wichtig, dass du das verstehst! Bitte verinnerliche diese Erkenntnis, damit nicht nur dein Kopf die Information abspeichert, sondern auch dein Gefühl ein "Aha-Erlebnis" spürt. Du musst die Gefahr spüren, die von diesen Kreaturen ausgeht.

So, wie du einen Sonnenbrand bekommst, wenn du zu lange in der Sonne liegst, wirst du einen kleineren oder größeren Schaden nehmen, wenn du zu lange negativen Einflüssen ausgeliefert bist.

Im Folgenden zeige ich dir, wie du ein starkes Schutzschild gegen diese toxischen Menschen aufbaust und eine Detox-Kur für deine Psyche machst.

Kurze, zeitlich begrenzte Lebenskomplikationen und Probleme können wir lösen und relativ schnell verarbeiten. Das Problem sind die Dauerbelastungen in unserem Alltag. Bist du z.B. seit vielen Jahren in einer Firma, in der das Betriebsklima toxisch ist oder lebst du schon lange in einer Beziehung, die ungesund für deine Seele ist?

So, wie wir nach einer Krankheit unseren Körper wieder in eine stabile Balance bringen, kräftigen, entgiften und mit Sport und gesunder Kost wieder in Schwung bringen, so braucht auch unsere Psyche gute Nahrung und eine heilsame Umgebung, um sich von giftigen Einflüssen zu reinigen.

 Manches Mal gibt es nur eine Lösung, sich aus diesem Dilemma zu befreien und das ist ein scharfer Cut!

Wenn du durch psychische Dauerbelastungen schon körperlich krank geworden bist oder dir mit schlechten Gewohnheiten wie z.B. rauchen, trinken, Beruhigungstabletten oder zu viel und falsch essen, Schaden zugefügt hast, gibt es nur diese eine

Konsequenz, um dein Leben zu retten und wieder glücklich und gesund zu werden:

Verschwinde aus dieser Schattenwelt mit seinen Geistern und Dämonen. Hör auf zu leiden und dich kaputt machen zu lassen. Strampel dich raus aus diesem Sumpf von Bosheit und Gemeinheit. Schnell und endgültig!

Sicher, ist dieser Schritt nicht leicht und kostet viel Energie, aber es wird sich lohnen! Das verspreche ich dir aus eigener Erfahrung!

Ich würde gerne mit dem Detox Programm für die Psyche beginnen, weil ich glaube, dass dich dieses Thema zunächst besonders interessiert.

Wie kannst du dich nun von dem ganzen Müll, den Kontrollfreaks, Profilneurotiker und andere Alltagssadisten täglich absondern und ihre Mitmenschen damit bewerfen, reinigen?

Auf Dauer können uns Emotionen, die wir verdrängt haben und nicht ausleben konnten, wie in einem Dampfkochtopf unter Druck setzen. Wenn wir unsere schlechten Gefühle ausschalten und ins Unterbewusstsein verschieben, besteht die Gefahr ,dass durch äußere kleine Anlässe diese verdrängten Emotionen wieder hochkommen und zu psychosomatischen Beschwerden wie Nervosität, Schlaflosigkeit ,Kopfschmerzen, Durchfall und ein allgemein geschwächtes Immunsystem ,führen.

Hier die Schritt-für-Schritt-Anleitungen, wie du diese psychische Detox-Kur durchführst. Keine Sorge, es sind einfache Schritte:

✓	Wichtig ist, dass du dir in Ruhe deine jüngste Vergangenheit betrachtest und die Stresssituationen identifizierst, die dir zu schaffen machen.

✓	Du kannst aktiv diese Probleme lösen, indem du dich mit der Situation noch einmal konfrontiert. Hattest du ein Problem mit deiner Arbeitskollegin oder deinem Partner? Überlege dir im Vorfeld wie du das Problem, in einem Gespräch mit der betreffenden Person klären kannst. So kannst du deine Vergangenheit im Nachhinein verändern und abschließen.

✓	Betrachte wie in Zeitlupe, aus verschiedenen Perspektiven, die Ereignisse. Wie würden sich deine Mutter in dieser Situation verhalten? Wie dein Bruder und wie deine beste Freundin? Bitte schreib ihre Reaktionen auf und betrachte deine eigene! Wo siehst du dich selbst anders?

✓	Versuche deine Gefühle zu verBILDlichen. Halte diese Gefühle auch schriftlich fest.

✓	Mache dir bitte jedes Detail bewusst und verdränge nichts!

✓	Verdrängte Gefühle, die du in dein Unterbewusstsein verschoben hast, können dich große Energiekosten, die du nicht für positive und sinnvolle Dinge einsetzen kannst.

✓	Sei in deinen Aufzeichnungen ehrlich mit dir selbst und beschönige nichts.

✓	Gib deiner Psyche die Möglichkeit, täglich mit kurzen stillen Achtsamkeitsübungen zur Ruhe zu kommen und die Reizüberflutung der Außenwelt abzuschalten.

✓	In dieser Stille können Gedanken und Gefühle hochkommen, die unangenehm sind, aber wichtig für dein Bewusstsein.

✓	Sollte dein Partner oder dein Arbeitskollege nicht mit sich reden lassen, so überlege dir ganz genau, wie du zukünftig diese Stress Situationen für dich vermeiden kannst.

✓	Manchmal gibt es keinen anderen Weg als konsequent nein zu sagen und dich zu trennen.

Menschen, die sich auffällig gemein und kontrollsüchtig anderen gegenüber verhalten, haben oft in vielen Lebensbereichen ein großes Defizit. Diese Störung kann schwerwiegende negative Folgen für den Menschen selbst, aber auch seine Umwelt und Mitmenschen haben.

Toxische Menschen machen andere genau da runter, wo sie selbst ein Minderwertigkeitsgefühl haben. Wenn dein Mann dir also ein Kleinmachgefühl gibt, weil du angeblich nicht klug genug bist, nicht ordentlich genug oder nicht schlank genug, so gehe davon aus, dass

dies genau SEINE Probleme sind und
SEIN Defizit! Diese Kritik ist objektiv
falsch und deshalb solltest du versuchen,
sie nicht persönlich zu nehmen, sondern
als Symptom seiner Komplexe.

Vielleicht war dein Mann als Kind dick
und wurde in der Schule gehänselt oder
seine Mutter war besonders streng mit
ihm oder er ist im Gymnasium zweimal
kleben geblieben. Das kann durchaus der
Grund dafür sein, dass er an deiner Figur
mäkelt , dir vorwirft dass du nicht
ordentlich genug bist und nicht smart
genug.

Bitte mach dir immer wieder klar, dass
diese Kritik objektiv falsch ist und nur
seiner kranken Fantasie entspringt.

Menschen, denen es an Mitgefühl
mangelt, sind nicht in Kontakt mit ihren
eigenen Gefühlen bzw. haben diese
verdrängt oder sogar völlig ausgeschaltet.

Deshalb ist es ihnen nicht möglich ,eine
Beziehung zu anderen aufzubauen und
sich in sie hineinzufühlen. Sie haben

Angst vor ihrer eigenen , armen, kaputten
Gefühlswelt und den Gefühlen anderer
Menschen. Diese Abwehrmechanismen,
den eigenen Schmerz und die
verwundeten Gefühle nicht spüren zu
müssen, veranlasst diese Menschen zu
ihrem verstörten, bösartigen Verhalten.

 Sie leiden unter dem permanenten
Druck, anderen ein Kleinmachgefühl zu
geben, um sich selbst besser zu fühlen.
Dieses Verhalten ist auf Dauer nicht nur
eine Aggressionsverschiebung, sondern
auch eine Selbstvergewaltigung, die nicht
selten zu einem Burnout und
Zusammenbruch führt.

Empathielose Menschen stehen also
ständig unter Strom, etwas
demonstrieren zu müssen, was sie gar
nicht haben: Selbstbewusstsein, ein gutes
Selbstwertgefühl und Selbstliebe.

Ihr Leben ist ein permanenter
Schauspielakt, in dem sie eine Figur
spielen, die es in Wirklichkeit gar nicht
gibt und darüber hinaus noch nicht

einmal wissen, wenn der Vorhang gefallen ist, wer sie eigentlich selbst sind!

Wenn du jetzt aufrichtiges Bedauern spürst, ist das das einzig richtige Gefühl! Leider ist hilfreiches Mitgefühl, für diese Runtermacher, nicht angesagt, weil sie unberechenbar und bösartig sind. Wer Spaß daran hat, andere Menschen zu quälen, hat keinen Zuspruch verdient.

Wie erkennst du nun auf Anhieb toxische Menschen?

Hier eine effektive Schritt-für-Schritt-Anleitung:

✓ Toxische Menschen reagieren auf die kleinste Kritik aggressiv. Deshalb unterlasse es, diese Menschen zu korrigieren. Du handelst dir nur noch mehr Ärger ein.

✓ Persönlichkeitsgestörte Menschen besitzen keine Selbstliebe und auch kein

Selbstmitgefühl und sind dadurch von ihrem authentischen Selbst getrennt.

✓	Sie sind zu 100% von der eigenen Richtigkeit ihrer Ideen und Vorstellungen überzeugt. Sie müssen das sein, um nicht zu dekompensieren und bestrafen jeden anderen, der sie darin nicht unterstützt.

✓	Sie entschuldigen sich generell nicht für Fehler, weil ja eh nur die anderen Fehler machen und sie selbst nicht.

✓	Sie machen sich lustig über den psychischen Schaden, den sie anderen Menschen zufügen und freuen sich im Stillen über deine verzweifelte Reaktion. Was ihnen selbst, oft von den eigenen Eltern ,zugefügt worden ist, geben sie an andere Menschen weiter, und empfinden dies als Befriedigung.

✓	Sie haben nur wenig Freunde und oft ein kaputtes Familienleben.

✓   Tief im Inneren schämen sich toxische Menschen für ihre Unzulänglichkeiten, aber erkennen nicht, dass sie sich in einem Teufelskreis befinden.

Es liegt nahe, dass du als gesunder Mensch, mit Empathie nun den Gedanken hast, diesen toxischen Menschen Mitgefühl zu zeigen. Dieser Versuch wird definitiv scheitern und du wirst dir nichts weiter als Wut und ein neues Kleinmachgefühl von ihnen einhandeln. Wirf deine Perlen nicht vor die Säue! Das hört sich vielleicht harsch an, aber du hast das Recht, dich vor ihren Angriffen zu schützen. Nur ein professioneller Psychotherapeut kann bei Menschen , mit diesen gravierenden Persönlichkeitsstörungen ,VIELLEICHT einen Teilerfolg erzielen.

 Es ehrt dich, dass du hier Empathie zeigst, aber es ist nicht deine Aufgabe, toxischen Menschen zu helfen. Deine

Aufgabe ist es, deine gesunde Psyche zu bewahren!

Bitte nimm dir folgende leichte Schritt-für-Schritt-Anleitung zu Herzen, denn du bist es dir wert, ein schönes und zufriedenes Leben zu haben:

✓   Steige aus der emotionalen Geisterbahnfahrt aus, indem du dir immer wieder vorsagst, dass nicht du derjenige bist, der von der Rolle ist, sondern diese Menschen!

✓   Versuche dich nicht mit toxischen Menschen auszutauschen, denn sie sind in ihrem falschen Rollenverständnis so gefangen, dass sie blind und taub für jede Art von Verständnis und Hilfe sind.

✓   Kommuniziere mit diesem Menschen nur absolut sachlich und höflich. Biete durch emotionale Äußerungen keine Angriffsfläche! Du machst dich ansonsten zum Spielball und sitz im nächsten Moment wieder in ihrem Gruselkabinett.

✓   Wenn du privat mit einem Menschen lebst, der Spaß an Kleinmachgefühlen hat, solltest du dir ganz genau überlegen, in welchem Verhältnis die Vorzüge und Nachteile dieser Beziehung stehen. Sei dir bitte darüber im klaren, dass du deinen Partner niemals wirklich ändern wirst. Überlege dir, ob du auch noch die nächsten 50 Jahre so leben möchtest.

✓   Tue unabhängig von negativen Menschen in deinem Umfeld, täglich Dinge, die deine Selbstliebe und dein Selbstwertgefühl wiederspiegeln. Lebe gesund, damit du fit bist, deine Bedürfnisse zu verwirklichen. Habe Freunde, die dich wirklich lieben und deine besondere Individualität zu schätzen wissen.

✓   Denke immer daran, dass du nur einem anderen Menschen helfen kannst, wenn dieser das zulässt und offen für deine Hilfsbereitschaft ist. Setze aber auch hier Grenzen! Es ist nicht deine Aufgabe, einen anderen zu retten und oft ist dies eh nicht möglich, weil jeder seinen eigenen Weg gehen muss. Im Guten wie im Bösen!

Abschließend möchte ich dir einige Tipps geben, die erfolgserprobt sind und die ich selbst ‚nach meiner Horrorbeziehung mit meinem narzisstischen, toxischen Ex-Mann, ausgetestet habe.

 Wichtig ist als erstes, wieder Boden unter die Füße zu bekommen und dein Kleinmachgefühl, durch geistige und emotionale Autonomie zu schwächen. Hier einige Erfolgseigenschaften, mit denen du deine Selbststeuerung kräftigst und dich zukünftig vor Fremdbestimmung schützt:

✓ Es ist aus meiner Erfahrung besonders wertvoll, wenn du täglich dein Bewusstsein, für deine eigene Identität und Individualität, festigst! Sage dir immer wieder: ich weiß was ich will, ich weiß wer ich bin, ich weiß was ich kann! Ich bin glücklich und dankbar, dass ich ein gesunder Mensch bin, mit einem guten Herzen. Ich übe mich täglich in harmonischer Selbstliebe für mich und zu Wohle meiner Mitmenschen! Ich bin stark und unabhängig, weil ich , wie Phönix aus der Asche, die Attacken und Kleinmachgefühle eines Ungeheuers überlebt habe. Ich habe die vergangenen Verletzungen überwunden und schaue jetzt nur noch nach vorne, auf meine großartige Zukunft!

✓ Horche liebevoll in dich hinein. Was machen diese neuen Mantras und Glaubenssätze mit dir?

✓ Nimm dir alle Zeit die du brauchst, um diesen emotionalen Alptraum zu verdauen. Setz dich nicht unter Druck oder versuche, besonders "hart" zu sein und die vergangenen Kränkungen zu überspielen.

✓   Sei fokussiert auf die Erfüllung deiner neuen Träume und sage : NEIN! Immer, wenn deine Intuition dir diesen Impuls gibt. Auch auf die Gefahr hin, anderen nicht zu gefallen. Nimm neue Freunde sorgfältig unter die Lupe, damit du nicht auf die Schauspielkünste eines Psychos hereinfällst.

✓   Gönne dir den Luxus, ein " netter, aber eigenwilliger Querkopf" zu sein. Deine echten Freunde werden dich lieben und stolz auf dich sein, dass du den Mut zum Anderssein hast!

✓   Du warst das Opfer eines emotionalen Missbrauchs. Ok, aber diese Zeit liegt nun endgültig hinter dir. Du bist kein Opfer mehr, sondern der Sieger! Du kannst stolz auf dich sein, mit deiner

grandiosen Widerstandsfähigkeit, deinen
guten Charaktereigenschaften und
Kardinaltugenden, die Kraft für einen
Neuanfang gefunden zu haben. Du hast
die schlimmste Misshandlung von einem
anderen Menschen, den du sogar geliebt
hast, erfahren und den Absprung in dein
eigenes Leben geschafft. Was kann dir
jetzt eigentlich noch passieren!

✓   Wenn dich ab und zu ‚in kurzen
Abrissen, die Vergangenheit einholt und
du Wut, Hass und Rachegefühle hast, lass
sie zu. Das ist völlig natürlich und
normal. Lass alle Gefühle raus und sprich
mit einem guten Freund. Lass dich mit
guten Worten trösten und heilen. Diese
Gefühle offen und ehrlich zu durchleben
und nach außen in die Welt zu bringen,
machen einen gesunden, " menschlichen
Menschen" aus. Es ist die elementare
Frage von Sein und Nicht-Sein.

✓   Führe keine schädlichen
Selbstgespräche wie: ich hätte vieles

anders machen können. Vielleicht war es auch meine Schuld. Vielleicht habe ich zu wenig Mitgefühl gezeigt.

✓   Nein, nein, nein! Diese Gedanken sind noch die Überreste von deinem Kleinmachgefühl. Lasse dich nicht beirren. Nicht du bist der Psychopath, sondern der Runtermacher ist es! Selbst ausgebildete Psychotherapeuten können an diesen hochgradig gestörten Menschen scheitern. Was hättest du also ausrichten können? Nichts!

✓   Deine Aufgabe ist es, aus dieser Krise eine große Chance zu sehen, dein neues freies Leben zu lieben und zu schätzen. Wieder Sicherheit und Geborgenheit in deinen Alltag zu bringen. Sei stolz auf deine Beharrlichkeit und Entschlossenheit, diesen Alptraum beendet zu haben.

✓   Denke immer an den alten und
weisen Spruch: wer weiß, wofür das gut
war!

✓   Du bist aus diesem Loch , aus
eigener Kraft, hervor gekrabbelt oder hast
dich mit einem mal herausgesprengt.
Diese Tatsache alleine, sollte dir das
Gefühl geben, besonders wertvoll und
stark zu sein.

✓   Lass deine heilsame Selbstliebe zu
dir sprechen: ich bin frei, ich bin meine
eigene Entscheidung, ich verantworte
was ich tue, niemand bestimmt über
mich, es gibt nichts, was ich muss, alles,
was ich tue, tue ich freiwillig, ich bin frei
von Schuld, ich bin kein Opfer, ich bin ein
autonomes Wesen und über all dem ist
meine Selbstliebe!

Du weißt jetzt viel über die Hintergründe
der Menschen, die andere kleinreden und
schlecht machen. Mit diesem Verständnis
dürfte es dir nicht schwerfallen, diesen

armen, bösen Geschöpfen zu verzeihen,
was sie dir angetan haben. Das bedeutet
nicht, dass du ihre Attacken auf dein
Leben tolerierst und dich mit ihnen
versöhnst. Jemanden zu verzeihen
bedeutet, in erster Linie eine Entlastung
für dich selbst. So kannst du mit der
Vergangenheit endgültig abschließen.

 Bitte, mach ein Experiment!

Schnapp dir einen Notizblock und
schreibe auf jeden Zettel eine
Stresssituation, die du mit deinem
Runtermacher hattest. Schreib jedes
Gefühl auf. Auch die kleinste Regung!
Auch Rachegedanken, Trauer und
Scham. Schreib so viel auf wie du kannst.

Dann nimm alle Zettel und geh an einen
sicheren Ort ,in den Garten oder auf die
Straße. Dort verbrennst du alle Zettel und
schaust zu, wie der Wind die Asche in alle
Richtungen weht. Zum Abschluss ,bevor
du gehst, sage laut: ich habe dir

verziehen! Du wirst mich nie wieder verletzen können!

Welche neuen Möglichkeiten und Gedanken löst das in dir aus? Fühlst du dich befreit, leicht und stark zugleich? Fühlst du dein Leben plötzlich als weites, endloses, blaues Meer, auf dem du in jede Richtung segeln kannst?

Unser Team hat fast ein Jahr lang mit Frauen gesprochen. Wir haben keine Frau getroffen, die nicht mindestens einmal im Leben mit Mobbing, Alltags Vampiren, Kotzbrocken in der Kollegenschaft und Chefetage und/oder tyrannischen Partnern in der Beziehung, konfrontiert war.

 Hier einige Stimmen von Betroffenen und wie sie mit diesen Lebenskrisen umgegangen sind:

❖   Es ärgert mich, wenn ich höre, dass Folgeerscheinungen von Mobbing einfach so abgetan werden, als handele es

sich nicht um massiven Psychoterror,
sondern um ein bisschen spielerisches
Rumgeschubse.

❖	Ich habe viele Jahre Intrigen,
Klatsch und Tratsch hinter meinem
Rücken und Ausgrenzung erfahren. Ich
habe mich nicht gewehrt, weil ich den
Job und das Geld dringend gebraucht
habe und Angst hatte, keine neue Stelle
zu finden. Ich bin alleinerziehende
Mutter und habe die Verantwortung für
zwei Kinder. 5 Jahre nach meiner
Scheidung habe ich einen sehr netten
Mann kennengelernt und das war der
Wendepunkt in meinem Leben. Ich habe
es geschafft ,den Mut zu finden und zu
kündigen. Ich habe auch schnell einen
neuen Job gefunden, der zwar nicht so
gut bezahlt ist, aber in dem ich mich wohl
fühle. Noch heute habe ich manchmal
Albträume und Angstgefühle ,wenn ich
an meine alte Stelle denke.

❖   In meiner Firma gab es einen sexistischen Perversling, der alle Frauen angemacht hat. Von verbalen Anzüglichkeiten bis Pograpschen. Die Beschwerden sind bei unserem Chef auf taube Ohren gestoßen, weil der selbst ein Chauvi war. Eines Tages hat sich eine Kollegin getraut, zu seiner Frau zu fahren und ihr von den Übergriffen ihres Mannes zu berichten. Danach war Ruhe.

❖   Ich war viele Jahre mit einem Tyrannen verheiratet. Klar, habe ich oft daran gedacht mich zu trennen, aber wenn man selbst keinen Beruf hat und Kinder, muss man sich das 10 mal überlegen. Tagsüber habe ich den Haushalt geschmissen und abends musste ich die Büroräume, in der Firma meines Mannes, putzen. Auch als Chef ist mein Mann rücksichtslos mit seinen Mitarbeitern umgegangen. Erst, als er angefangen hat mich zu schlagen, habe ich den Absprung geschafft. Ich lebe zwar jetzt von viel weniger Geld mit meinen

Kindern, weil mein Mann seine Bilanzen runtergerechnet hat, aber wenigstens habe ich keine Angst und Panikattacken mehr. Ich bin glücklich alleine mit meinen Kindern und habe jetzt wieder Lebensmut und Energie.

Ich hoffe der kleine Ratgeber hat dir gefallen und wir konnten dir mit unseren Ideen und Anleitungen eine Tür öffnen und dich ermutigen, nach deinen Impulsen zu leben und zu lieben.

Solltest du eine Frage auf dem Herzen haben, bitte schick uns deine mail. Wir helfen dir gerne, selbstverständlich kostenfrei!

emotionenimpulse@gmail.com

Es werden auch künftig Tage in deinem Leben kommen, an denen du traurig oder gestresst bist. Kein Mensch auf der Welt hat immer Glück und Freude. Es ist wichtig, wie du mit deinem Kummer und Schicksalsschlägen umgehst. Wichtig ist, dass du die hundertprozentige Gewissheit hast ,dass du dich auf dich selbst verlassen kannst und mit deinem allumfassenden Wissen, hinter die Kulissen von Menschen, die nicht gut für dich sind, ein machtvolles Handwerkszeug besitzt, auch schwierige Phasen in deinem Leben zu durchschreiten.

Lebensweisheiten geben uns Ruhe und Zuversicht. Deshalb möchte ich mit einigen meiner Lieblingsweisheiten schließen.

Unser Team und ich wünschen dir ein gutes, freies und selbstbestimmtes Leben!

✓   Einen sicheren Freund erkennt man in unsicherer Sache! (Cicero)

✓	Ziel des Lebens ist es, ein wertvoller Mensch zu sein. (Albert Einstein)

✓	Es gibt nur eine Zeit, in der es wesentlich ist aufzuwachen und diese Zeit ist jetzt! (Buddha)

Team : Impulse und Emotionen

Impressum

Dieses Werk einschließlich aller Inhalte ist urheberrechtlich geschützt. Der Nachdruck oder die Reproduktion, gesamt oder auszugsweise, sowie die Einspeicherung, Verarbeitung, Vervielfältigung und Verbreitung mit Hilfe elektronischer Systeme, gesamt oder auszugsweise, ist ohne schriftliche Genehmigung des Autors untersagt alle Übersetzungsrechte vorbehalten. Der Autor/Autoren übernehmen keinerlei Gewähr für die Aktualität , Richtigkeit und Vollständigkeit der bereitgestellten Informationen. Haftungsansprüche gegen den Autor/Autoren, welche sich auf Schäden gesundheitlicher, materieller oder ideeller Art beziehen, die durch die Nutzung oder Nichtnutzung der dargebotenen Informationen bzw. durch die Nutzung fehlerhafter und unvollständiger Informationen verursacht wurden, sind grundsätzlich ausgeschlossen. Dieses Buch ist kein